© 2014 Zambon Verlag, Frankfurt am Main
Alle Rechte vorbehalten

Originaltext in Englisch, ins Deutsche übersetzt von Inga Gelsdorf
Satz und Gestaltung: Fabio Biasio
Fotos: Vish Vishvanath

ISBN 978 3 88975 233 8

Lillian Rosengarten

Ein bewegtes Leben

Von den Schatten Nazi-Deutschlands zum jüdischen Boot nach Gaza

ZAMBON

Für Lydia, Melina, Emilia und in Gedenken an Philip

und

für die mutigen Aktivistinnen und Aktivisten
auf der „Irene", dem jüdischen Boot nach Gaza
September 2010

Edith, Eli, Itamar, Glyn, Rami, Reuven, Vish, Yonatan

In Liebe

Lillian

Inhaltsverzeichnis

Klagelied einer „wilden" Mutter — 6

Einleitung — 8

Teil I - Mein Leben, wie es war
- 1- Deutschland und Amerika — 11
- 2- Weg von zu Hause — 29
- 3- Die Befreiung — 39
- 4- Lilli und Fritz — 43
- 5- Philip — 53
- 6- Die Küche — 67

Teil II - Von Israel nach Gaza
- 7- Israel — 81
- 8- Das Jüdische Boot — 90
- 9- Deportiert — 107
- 10- Gaza — 120
- 11- Der gesamte Kreis — 133

Opfer — 143

Danksagungen — 146

Klagelied einer „wilden" Mutter

Was ist das für eine seltsame Welt, wo Kinder sterben?

Frag die Mörder; überall Leiden.

Kaltschnäuzige Gleichgültigkeit, abgetötet durch das Streben nach Blut.

Wenig Aufschrei in stillen Gesichtern. Ich kann euch nicht hören! Sprecht!

Tausende von Kindern, der Gestank von verbranntem Fleisch, Leben ohne Wert.

Raketen schlagen ein, im Mondlicht glimmend.

Ich bin euer Mörder, festgenagelt in einem Sarg aus Hass.

Ich bin eure Mutter, gebeugt vor Kummer. Ich bin die leeren Augen eures Vaters.

Ich bin die Kinder.

Erinnere dich an den Frühling unserer Jahre vor dem sorgenvollen Lebensabend.

Bist du zerbrochen in einem Meer von Tränen?

Einst hielt ich dich in meinen Armen, um dich mit Zärtlichkeit zu nähren.

Ich hatte drei Kinder, eins ist tot.

Ich hatte acht Kinder, vier sind tot oder zwei oder sechs oder allesamt.

Da brennt ein Feuer auf der gesamten Erde, vermischt mit dem Blut des Todes.

Sie sind alle unsere Kinder, und wir sind ihre Eltern.

Krieg, der du auf der Seele herumtrampelst. Tod den Dichtern und Wiegenliedern.

Wie tun sie es, mit der Arroganz der Armeen?

Philip, weißt du es sogar? Du ließest das letzte Jahrhundert hinter dir.

Zwillingstürme, geschmolzen in Flammen, wurden zu Staub.

Wild vor Kummer, weinen wir um die verlorenen Kinder, sie sollten einst die Welt besser machen.

Ins Nachthemd gewickelt, um zu ersticken. Ich reiße es weg von meinem Körper, mit Schweiß getränkt, als ob ich mich selbst vom Tod oder etwas anderem befreien wollte.

Ich träumte, ein Feuer verbrenne die Erde. Gefangene wilde Frau, halte mich, mir ist kalt.

Ism'al, unser Kind, wie grausam wurdest du uns genommen.

Ich bin deine Mutter im Geiste, die ein Erbe hütet.

Hört die Welt überhaupt zu?

Bisan, Philip, Yonatan, Mayar, Aya, Shlomo, Nur Abuelaish, ihr seid unsere toten Kinder.

Jetzt werden wir eure Geschichtenerzähler, die Maler eurer Träume sein.

Wir werden eure Leinwand mit Einzelheiten und Erinnerungen füllen.

Wir müssen die Hüter der Erde sein.

Einleitung

Im späten September 2010 segelten sieben jüdische Passagiere und zwei Journalisten durch das Mittelmeer auf dem jüdischen Boot „Irene" nach Gaza. Ich war die einzige Amerikanerin. Wir hatten gehofft, erfolgreich an der Küste von Gaza anzulegen. Niemals hätte ich daran gedacht, dass Kriegsschiffe uns zum Gefängnis in Aschdod abschleppen und unsere Botschaft der Solidarität und Hoffnung für die Palästinenser, die im großen Freiluftgefängnis leben, sabotieren werden. Ich hätte mir auch nicht ausmalen können, von Israel deportiert zu werden oder gesagt zu bekommen, ich dürfe nicht zurückkehren.

Ich habe gekämpft, um die Sequenz meines untrennbar verflochtenen persönlichen und politischen Lebens zu organisieren. Das erforderte eine entschlossene Überprüfung meiner früheren Lebenserfahrungen, die die Person geformt haben, die ich heute bin. Ich musste mich durch meine Furcht durchboxen, um äußerst persönliche und traumatische Erlebnisse mit Offenheit und Ehrlichkeit zu erzählen. In Teil 1 beschreibe ich das qualvolle Leben meiner Eltern, bevor und nachdem sie aus Nazi-Deutschland geflohen sind. Meine Flüchtlingserfahrung hat sich tief in mein politisches und emotionales Leben eingeprägt. Als Kind fühlte ich mich eingesperrt, anders, scheu und schweigsam, doch im späteren Erwachsenenalter wurde meine Stimme kraftvoller, da ich mehr Mut hatte, meine Meinung zu äußern. Ich hoffe, diese Veränderung wird sich durch das Erzählen meiner Geschichte selbst offenbaren. Ich schließe die Geschichte vom Tod meines geliebten Sohnes Philip ein, der im Alter von 36 Jahren an einer Überdosis Drogen starb. Jahrelang suchte ich nach einem Zusammenhang zwischen seinem Tod und meiner Flucht vor der Nazityrannei und dem schwierigen Verhältnis, das ich zu meinen Eltern hatte. Ich suchte etwas, das Philips

Abhängigkeit und seinem Tod eine Aussagekraft geben konnte. Doch ich kam an einen Punkt, wo ich erkannte, dass diese Verbindungen keine Rolle mehr spielten, da sie mich an der Vergangenheit festhalten ließen. Die Lehre, die ich aus Phils Tod gezogen habe, ist das Wesen der Vergänglichkeit, die einen neuen Anfang und neue Hoffnung ermöglicht. Hauptsache ist jetzt, die Erkenntnis meiner Verbundenheit mit allen Eltern, die ihre Kinder verloren haben.

Auf mein Leben zurückzuschauen, hat mir Klarheit gebracht über mein leidenschaftliches Interesse, Barrieren und künstliche Grenzen niederzureißen und das Verständnis zwischen Menschen zu fördern. Teil zwei beginnt mit meinen ersten Besuchen in Israel als politisch nicht engagierte säkulare Jüdin, die sich in das Land verliebt hat. Allmählich wurde ich mir der politischen Realität von gestohlenem Land und einer verdrängten Bevölkerung bewusst, die aus dem, was auch sie ihr Heimatland nennen, vertrieben worden war. Ich möchte meine Leser in eine Diskussion einbeziehen, inwiefern Apartheid und ein jüdischer Staat zusammen unter dem Namen „Demokratie" überleben können. Ich stelle auch das beinahe Unmögliche in Frage, nämlich, sowohl ein Land zu regieren, in dem es keine Trennung von Religion und Staat gibt, als auch das Überleben eines „jüdischen Staates" oder „muslimischen Staates" oder irgendeines Staates, der auf der Basis einer Religion gegründet wird. Vielleicht ist es naiv, aber mich erinnert das an eine extreme Form des Nationalismus und des Exzeptionalismus. Diese Fragen sind es, die letztlich den Ausschlag gaben, Passagier auf dem jüdischen Boot nach Gaza zu sein. Meine Überlegungen und Schlussfolgerungen stammen von einem Ort der Unruhe und Furcht. Es war schwierig, den Mut aufzubringen, gegen ein System zu sprechen, das meiner Ansicht nach versucht, die eigentliche Struktur dessen, was es bedeutet, jüdisch und Humanist zu sein, zu zerstören. Meine tiefste Überzeugung ist, dass Frieden nur dann kommen kann, wenn Israel/Palästina ein vereintes Land ist, in welchem beide Völker in gemeinsamer Demokratie, Würde und mit gleichen Rechten leben.

Teil I

Mein Leben, wie es war

Deutschland und Amerika

Im Jahre 1932, ein Jahr bevor Hitler an die Macht kam, wurde mein Vater, Fritz Lebrecht, meiner Mutter, der wunderschönen, scheuen Lilli Jacob im städtischen Schwimmbad in Frankfurt vorgestellt. Er verliebte sich sofort. Ende 1934 wurde das Schwimmbad für Juden gesperrt. Das Reichsbürgergesetz lautete: „Ein Bürger des Reiches ist nur derjenige, der von deutschem oder von gleichwertigem Blut ist und der durch sein Verhalten zeigt, dass er gesund ist und den Wunsch hat, dem deutschen Volk und dem deutschen Reich treu zu dienen." Mein Vater, das jüngste Kind einer reichen, kultivierten deutsch-jüdischen Familie, hat seine Wurzeln in Ulm, seinem Geburtsort. Ein Lebemann und Frauenheld in seiner Jugend, gab er gerne mit seinen Eskapaden an. Wie stolz er war, meiner Schwester Carol, mir und meiner Mutter, die das alles zuvor bereits gehört hatte, erneut die Geschichte zu erzählen, als wir in der düsteren Atmosphäre um den Abendbrottisch saßen. Meine Stimmung hellte sich auf, eine kurze Atempause von den üblichen Spannungen und der Zankerei. In unserem strikten und an Regeln gebundenen Haushalt gab es wenig Raum, um sich selbst frei zu äußern.

Mein Vater sagte oft zu mir: „Denke, bevor du sprichst", was mich nach und nach zum Schweigen brachte. Unsere kleine sterile Doppelhaushälfte in Bayside New York stand im krassen Gegensatz zu der wohlhabenden duldsamen Umgebung der Jugend meines Vaters. Zwei Sessel und eine Couch im dänischen Stil im Wohnzimmer wurden in Plastik eingehüllt, um die grauenhaften Möbel für immer zu erhalten. Meine Mutter bewältigte ihre Ängste, indem sie alles aufbewahrte. Die Geschichten, die Fritz aus seiner Jugend erzählte, die so weit von meiner eigenen Kindheit abwichen, faszinierten mich. Er sprach mit Nostalgie über Partys in der Villa der Familie Lebrecht, während seine Eltern abwesend waren. Er und sein älterer Bruder Otto, nicht älter als 18 und 20 Jahre, hatten eine Champagnerflasche nach der anderen zur allgemeinen Belustigung und zum Verführen in den Familienbadekübel gegossen. Seine Geschichten brachten mich in Verlegenheit, und dennoch sah ich eine andere Seite meines Vaters: heiter, nachgiebig, gut aussehend und stark.

Mein Vater hat seinen Doktortitel in Organischer Chemie an der Universität Heidelberg erworben. Er gab gerne damit an, dass sein entfernter Cousin, Einstein, in einer seiner Vorlesungen doziert hat. Als er meiner Mutter begegnete, war er sechsundzwanzig und der Generaldirektor des „Lebrecht Lederwerks" in Frankfurt, das mein Urgroßvater, Gabriel Lebrecht, gegründet hat. Die Firma produzierte einige der feinsten Lederwaren in Europa. Die Eltern meiner Mutter, Minnie und Rudolf Jacob, lebten in Frankfurt, wo Lilli im Jahre 1906 geboren wurde. Frankfurt sollte auch meine Geburtsstadt werden. Das frühe Leben meiner Mutter war bescheiden im Vergleich zu dem meines Vaters, aber das hatte keine Auswirkungen, denn Lillis Charme und ihre Schönheit machten ihr die Aufnahme in die Familie leicht. Meine Mutter besuchte nie eine Universität, denn in den Bourgeois-Kreisen meiner mütterlichen Großeltern hatte dies keine Priorität. Stattdessen wurde sie nach Paris geschickt, um die Kunst der Schneiderei zu studieren. Lilli wurde streng erzogen und war nicht weltgewandt und völlig unerfahren, als sie meinen Vater kennenlernte. Am 5. April 1933 wurden meine Eltern getraut. Sie verbrachten ihre Flitterwochen in dem mondänen Ferienort Baden-Baden. Sie sprachen oft mit Heimweh über ihr Leben in

Deutschland und sehnten sich nach der Zeit, als das Land noch eine Demokratie war, bevor Hitler im Januar 1933 an die Macht kam.

Eines wundervollen Abends im Herbst 1934 entschieden meine Eltern nach dem Abendessen, einen Bummel auf Frankfurts Feuerbachstraße im Westend, dem eleganten Viertel, in dem sie wohnten, zu machen. Lindenbäume wuchsen in die Höhe und die Luft war voller Blüten. Meine Eltern gingen durch die ruhige Straße, als völlig überraschend eine Gruppe junger Männer, „die Braunhemden", aus dem Nichts heraussprangen. Die Männer marschierten schnurstracks auf meine Eltern zu, während sie im Gleichschritt mit ihren Absätzen klackten. Sie waren nicht älter als 18 Jahre, glattrasierte Engelsgesichter, kaum der Kindheit entwachsen und bereits indoktriniert mit Hass. Fünf von ihnen trugen hohe Stiefel, die über braune Hosen geschnürt waren, Nazi-Embleme auf braunen Kappen und Armbinden in Rotweiß und Schwarz. Einer der Braunhemden trat nahe an meinen Vater heran, starrte in sein Gesicht und hob einen Finger, um seine Nase zu berühren. Er lachte, drehte sich im Kreis und schrie: „Kommt und seht die Judennase!" Mit Verachtung im Gesicht versprühte er mit seinen Worten Hass, während die anderen meinen Vater verfluchten und sich über ihn lustig machten. Da ich im Innern meiner Mutter lag, wurde ich zum unsichtbaren Augenzeugen. Nummer zwei trat meinen Vater, verhöhnte ihn, fluchte und schlug ihn dann ins Gesicht, bis er blutete. Die Braunhemden mit den Engelsgesichtern stießen ihn zu Boden, verpassten ihm noch einige Tritte und marschierten von dannen. Obwohl meine Mutter körperlich unversehrt blieb, sollte sie ihr ganzes Leben lang in Angst leben und in ihren späten Jahren in eine psychotische Art manischer Depression hineinrauschen.

Mein Vater sah die Schrift an der Wand. Als Realist hatte er den Mut, Deutschland zu verlassen. Er sollte zwei Jahre brauchen, um uns herauszubringen. Hohe Arbeitslosigkeit, Verzweiflung und

Furcht durchdrangen die jüdische Gesellschaft in Deutschland, wo Hitlers starke Rhetorik eine Bevölkerung hypnotisiert hatte. Sie hörten die Versprechungen von „Big daddy", sie in den Wohlstand zu führen, und klammerten sich daran.

Ich bin überzeugt, dass mein Vater uns vor der Vernichtung bewahrt hat. Sobald er in New York angesiedelt war, hat er das Auswanderungsprozedere für meine Großmutter Minnie, einige Tanten, Onkel und Cousins vorangetrieben. Der Rest der Familie wurde nach Chile, Brasilien und Palästina verstreut. Ich habe nur wenige von ihnen kennengelernt.

Mein Vater landete in New York und tat schnell alles, um die Visa für meine Mutter und mich sicherzustellen. Die US-Einwanderungsbehörde hielt unser Schicksal in den Händen, denn sicherlich erhielt nicht jeder eine Einwanderungsgenehmigung. Die Visa wurden auf die Bürgschaft eines Gönners hin gewährt. Dieser Gönner, Eigentümer eines kleinen Import-Export-Geschäfts für Lederwaren, ernannte meinen Vater zur mittleren Führungskraft, einer Position, die zu nichts führte. Er blieb dreißig Jahre lang unfähig, seinen eigenen beruflichen Zielen gerecht zu werden. Er fand unser erstes Appartement in der Steinway-Straße in Astoria, Queens. Fast mittellos wurden meine Eltern aus ihrem geliebten Deutschland, aus dem Freundeskreis, dem Familienkreis und aus dem Wohlstand gerissen. Indem sie sich mit ihrer kleinen Tochter in New York niederließen, fanden sie sich selbst in Übersee, in einem fremden Land wieder, entwurzelt aus der Stellung ihres Lebens und furchtbar unglücklich. Sie brachten eine Düsterheit mit sich, die für mich zum persönlichen Symbol für den Albtraum des Hitler-Deutschland wurde. Sie sehnten sich nach der Welt, die sie verlassen mussten, ihrer Welt. Meinen Eltern fiel es schwer, sich den amerikanischen Lebensgewohnheiten anzupassen, und dies hinterließ Spuren. Ich wusste nie, wohin ich gehöre. Ich wuchs in einem strengen deutschen Haushalt auf und sprach zu Hause Deutsch, besuchte jedoch eine öffentliche amerikanische Schule. Ich war scheu, eine Außenseiterin, nie wie die anderen Mädchen und bestimmt nicht beliebt. Alles, was ich wollte, war, so zu sein wie die anderen. Ich war sensibel und hatte wenig Selbstbewusstsein.

Der Traum meines Vaters, an einer Hochschule Chemie zu lehren und Forschung zu betreiben, wurde nie realisiert. Meine Mutter hielt ihn zurück. Voller Angst, wieder alles zu verlieren, sparte sie sich obsessiv alles vom Munde ab, da sie jeden Pfennig verwaltete, den mein Vater nach Hause brachte. Am wichtigsten für sie war das feste Gehalt, das mein Vater erhielt. Risiken waren etwas, das sie nicht ertragen konnte. Ich wünschte, mein Vater hätte sich eingesetzt, um seine eigenen Bedürfnisse durchzusetzen und seinen eigenen Standpunkt zu vertreten. Stattdessen gab er meiner Mutter nach und verdrängte seine Dynamik und seinen Ehrgeiz. Derweil fertigte sie unsere Kleider an. Nie kaufte sie etwas für sich selbst. Stattdessen trug sie altmodische deutsche Kleider, die ich hasste, bis hin zur Peinlichkeit. Es machte mich einfach wütend, ihren starken deutschen Akzent zu hören und die Art, wie sie Deutsch mit ihrem gebrochenen Englisch vermischte. Ich mied alles Deutsche. Ich mochte die Deutschen nicht sehr und meine Mutter brachte mich in Verlegenheit. Dennoch bewunderte ich viele Dinge an ihr. Sie konnte so voller Energie und Schwung sein. In ihren Fünfzigern wurde sie zertifizierte Yoga- und Schwimmlehrerin beim Roten Kreuz. Sie war stolz auf ihre Leistungen, doch ich erkannte ihren Erfolg kaum an und konnte mich nicht für sie freuen. Ich wünschte, ich hätte mich ihr mehr verbunden fühlen – und ihren Erzählungen zuhören können, um sie (später) meinen eigenen Kindern und Enkeln zu erzählen. Meine Mutter konnte scheu oder kühn, distanziert oder hilfsbedürftig sein. Sie konnte schonungslos kritisch oder verführerisch charmant sein. Ich suchte ihre Nähe und wurde dennoch physisch abgestoßen. Ich konnte mich nicht überwinden, ihre Wärme zu fühlen. Wenn sie versuchte, sich mir zu nähern, erschien es mir, als ob sie mich „mit Haut und Haaren" wollte, als ob sie mich zu sehr brauchte. Dennoch wollte ich ihre Liebe und ihr nahe sein.

Eine Erinnerung hat sich mir ins Gedächtnis eingebrannt: Ein kleines Kind, drei Jahre alt, von seiner Mutter in einem Zimmer eingeschlossen, allein gelassen, das untröstlich schrie. Ich muss ein böses Mädchen gewesen sein. Es gab nichts zum Beruhigen, nur die Stille. In dieser Anfangszeit war meine Mutter immer ängstlicher geworden. Sie jammerte: „Gisela, wenn ich in Deutschland geblieben wäre, könnte ich eine erfolgreiche Designerin sein." Sie rang ihre Hände, runzelte ihre Stirn und die Spannung ihrer gerunzelten Stirn betonte die Straffheit um ihren Mund. Sie zupfte nervös an ihren Lippen. Dann ging sie immer fort und ich hörte: „Es ist sehr schlimm."

Sie übertrug die Finsternis, die sie befallen hatte, auf unsere Familie. Dennoch fand meine Mutter kreative Wege, um unsere finanziellen Probleme zu verringern. Ich wuchs in bescheidenen Verhältnissen auf. Später, als ich einen wohlhabenden Mann heiratete, zeigte ich kaum Interesse an seinem finanziellem Reichtum.

Meine Mutter brachte sich selbst bei, Perlenketten aufzureihen. Mit Hilfe ihres Charmes und viel Nervenkraft kam eine andere Seite von ihr zum Vorschein, als sie Juweliere für sich gewann, die ihre Kunden wurden. Nachts beobachtete ich beide, meinen Vater, mit einer Lucky Strike, die er in seinen Mundwinkeln balancierte, wobei die Asche jeden Moment herunterfallen konnte, und meine Mutter, die entschlossen war, ihn die feine Art des Perlenaufreihens zu lehren. Dort saßen sie und arbeiteten zusammen. Zwei Schwanenhals-Lampen auf beiden Seite des Tisches beleuchteten

TEIL I

Perlen, Schließen, Nylonfäden, die alle auf dem Schnürbrett lagen. Endlose Geduld und Konzentration, gepaart mit Ausdauer, brachten zehn Jahre lang Aufträge ein. Ich fühlte mich intensiv zu ihnen hingezogen und beobachtete sie schweigend, wie sie mühselig jede Perle einzeln auf den Faden knoteten. Die feinsten Perlen, deren Besitzer manchmal berühmte Persönlichkeiten waren, wurden immer verknotet, wohingegen billigere Perlen keine Knoten erforderten. Jeden Dienstag zog meine Mutter ihr wollenes Kostüm an und setzte einen kleinen Hut auf, den sie kokett über ihre dunkelbraune dicke Pagenkopf-Frisur zog. Sie schwärmte von Larry Matthews, ihrem Frisör, der ihre Haare schnitt und nur zwei Dollar dafür nahm. Dienstags führte sie sich als Pariser Designerin in den noblen Läden ein.

Als ich drei Jahre alt war, kam meine Großmutter Minnie, um mit uns zusammenzuleben. Bei ihrer Ankunft war sie gerade 61 Jahre alt. Solange sie lebte, fand ich nie heraus, weshalb sie ohne meinen Großvater Rudolf gekommen war. Sein Name kam selten auf, und ich fragte nicht. Es war, als ob Rudolf niemals existiert hätte. Sie war der einzige Großelternteil, den ich kannte, und ich liebte ihre vornehme Art, ihr künstlerisches Wesen, ihre Aquarelle, ihre Küche. Meine Omi starb im Alter von 73 Jahren an kongestiver Herzinsuffizienz in ihrem Zimmer, das neben meinem lag. Ich war 14 Jahre alt und konnte ihr Stöhnen hören. Vielleicht schmerzten sie die wundgelegenen Stellen, oder sie fühlte sich einsam und hatte Angst. Meine Mutter und Tante Melitta haben sie bis zu ihrem Tod gepflegt. Ich durfte ihr Zimmer nicht betreten und auch nicht zu ihrer Beerdigung gehen. So hatte ich nie die Gelegenheit, mich von ihr zu verabschieden. Meine Gefühle wurden missachtet. Heute verstehe ich, dass es die deutsche Art, alles zu verbergen und geheim zu halten, war, zumindest in unserer Familie. Warum konnte ich nicht einfach die Tür zu ihrem Zimmer öffnen, sie in meinen Armen halten und ihr sagen, wie sehr ich sie geliebt habe? Warum hielten sie sie von mir fern? Warum habe ich mich von ihr ferngehalten? Ich war ein „braves" Mädchen, das weder gewagt hat, seine Meinung zu äußern, noch fähig zum Trotz war.

Es gab ein Geheimnis, von dem ich nichts wusste, bis ich erwachsen war, lange nach dem Tod meiner Omi. Mein Großvater Rudolf besaß einen Kurzwarenladen in der Kaiserstraße 5, einem eleganten Viertel in Frankfurt am Main. Er reiste jährlich nach Paris, um feine Stoffe für seinen Laden zu ordern. Dieser Stoff würde in stilvolle Kleidung für sein wohlhabendes Frankfurter Klientel verwandelt. Am 1. April 1933, eine Woche, nachdem Hitler Kanzler wurde, hielt Joseph Goebbels, der Nazi-Propagandaminister, eine Rede in Berlin, in der er die Deutschen aufforderte, Läden, deren Eigentümer Juden waren, zu boykottieren. Nazi-Sturmtruppen blockierten die Eingänge zu jüdischen Läden. Ihre Schilder lauteten: „Deutsche, wehrt euch gegen die jüdische Gräuelpropaganda, kauft nur in deutschen Läden!" In der Zeit von März bis Oktober 1933 wurden 536 jüdische Läden in Frankfurt zwangsweise geschlossen. Mein Großvater Rudolf erhängte sich in seinem Geschäft, nachdem dieses infolge des Nazi-Dekrets geschlossen wurde. Es verfolgt mich, dass meine Omi diesen Kummer alleine getragen hat. Ich kann mir nicht vorstellen, wie sie mit diesem Geheimnis gelebt hat. Ich nehme an, ich habe sie nie richtig gekannt. Jahrzehnte danach besuchte ich Frankfurt und sah den Laden meines Großvaters in der Kaiserstraße 5, das Appartement, wo er mit meiner Großmutter in der eleganten Westend-Gegend gelebt hatte, und sein einsames Grab auf dem alten jüdischen Friedhof.

Meine Schwester Carol wurde 1941 geboren. Seltsamerweise schien sie eher Deutsche zu sein als ich, denn sie hat ihr Leben lang mit meinen Eltern zusammen gelebt und viele ihrer Eigenheiten übernommen, so auch ihre Art zu sprechen. Ich ärgerte mich über

TEIL I

Ein SA- und SS-Offizier vor einem Berliner Modegeschäft

meine Schwester, die aus dem Nichts kam, als ich sechs Jahre alt war. Eines Tages ging meine Mutter fort und als sie mit meinem Vater zu unserer Wohnung zurückkam, hielt sie einen Säugling, meine Schwester, in ihren Armen. Wer war dieser Eindringling? Ich wollte ihn nicht hier haben. Was für eine traurige Art und Weise, seine einzige Schwester kennenzulernen. Carol war von Anfang an kränklich und asthmatisch. Ihre Geburt hätte sicherlich ein freudiges Ereignis sein sollen, da sie das Überleben symbolisierte. Nach 1941 brannten die Krematorien, mit Gas vergiftetes Fleisch wurde zu Asche und Millionen Seelen wurden durch die Schlote freigegeben, die nach den neun Höllenkreisen, dem Nazi-Todeslager rochen. Wie traurig, dass ich nie die Stimmung der Feierlichkeit rund um Carols Geburt empfunden habe. Obwohl meine Eltern mich von klein auf erzogen hatten, „immer auf deine Schwester aufpassen", habe ich alles getan, um diesen Wunsch völlig zu ignorieren. Ich war unfähig, Sympathie für meine Schwester zu empfinden, deren Rolle als Ziel für das frustrierte Selbst meiner Eltern ausersehen war. Carol war ein leichtes Ziel, denn sie war ein verletzliches und ängstliches Kind. Meine kritischen und kontrollierenden Eltern würden sie brauchen, um ihre problematische Ehe fortzusetzen und aufrechtzuerhalten.

Ihr Leben lang war Carol das Bindemittel, das meine Eltern zusammengehalten hat. Solange sie Carol als Sündenbock hatten, konnten sie sich von ihren eigenen Problemen abwenden. Das Klima in unserem Haushalt machte es für meine Schwester und mich schwer, eine schwesterliche Beziehung aufzubauen. Mir wurde jetzt erst bewusst, dass auch Carol eine Schwester vermisst hatte, der sie vertrauen konnte. In späteren Jahren versuchte ich, diese Bindung zwischen uns zu reparieren, fand aber immer noch Wege, um auf Distanz zu bleiben. Als sie in den Zwanzigern war, versuchte ich Carol zu helfen, auszuziehen, denn sie war nicht fähig, sich von unseren Eltern zu trennen und ihr eigenes Leben zu führen. Es war im Jahre 1964, ich war zu der Zeit verheiratet und Mutter von drei kleinen Kindern. Carol hatte ihren Abschluss als Pflegerin an einer lokalen Gemeindefachhochschule gemacht, aber ihr Versuch, fortzuziehen, war nicht erfolgreich. Traurig lebte sie weiter mit ihnen als ihre Betreuerin bis zu ihrem Tod. Ich erkenne heute mein Bedürfnis, fernzubleiben, mich aufgrund meines eigenen Überlebens von ihnen zu trennen. Dem Raunen von Schuld kann ich jedoch nicht entkommen, weil ich die Last meiner Eltern meiner Schwester überlassen habe.

Ich erinnere mich an das Klima in unserem Haushalt während meiner Teenagerzeit. Unser Haus konnte man leicht erkennen, das einzige ohne Weihnachtskerzen in dem Häuserblock. Chanukka war unser jährlicher Feiertag, aber es fehlte eine wirkliche religiöse Tradition, mit Ausnahme eines einzigen Liedes „Rock of Ages". In den wenigen Augenblicken, bevor wir unsere Geschenke öffneten, während wir um einen mit Kerzen verzierten Esstisch herumstanden,

Teil I

konnte ich etwas Jüdisches fühlen, eine Art Verbundenheit, jedoch zerbrechlich. Es war eine Erinnerung daran, dass wir tatsächlich Juden waren. Mein Vater pflegte zu sagen, wir seien Deutsche und integriert. Viele deutsche Juden empfanden dasselbe.

Meine Mutter versuchte mir eine Art jüdische Religion beizubringen, jedoch erfolglos. Sie bestand darauf, dass wir, sie und ich, jedes Jahr an den hohen Feiertagen zu den Gottesdiensten in den Tempel Israel hineinschlichen. Warum Carol nicht mit dabei war, werde ich nie erfahren. Man stelle sich vor, was das für mich, eine Teilnehmerin wider Willen, bedeutete, als meine Mutter kurzzeitig behauptete, wir seien Mitglieder der Gemeinde, während wir auf die Balkonsitze anlässlich der hohen Feiertags-Gottesdienste glitten. In unser Feinstes gekleidet, bedeutete, in meine deutschen handgearbeiteten Kleider und in einen Mantel aus Klein's Abteilung für Sonderangebote gekleidet zu sein. Die Wahrheit ist, dass meine Kleider dafür sorgten, dass ich anders aussah, und das hasste ich. Als wir einen Sitzplatz hatten, schien es für wenige Momente so, als ob wir sicher seien. Ich saß gebückt und hoffte, zu verschwinden. Wir wurden immer erwischt und dann aus der Tür geführt. Ich fühlte mich gedemütigt. Ich glaube, wir waren zu arm, um zu bezahlen, oder meine Mutter glaubte, dass jüdische Flüchtlinge nicht zahlen sollten.

Mein Vater hätte andererseits keinen Fuß in eine Synagoge gesetzt. Er war Atheist, seine Loyalität war eher deutsch als jüdisch. Ich habe mich gefragt, ob er, wenn er kein Jude gewesen wäre, aufgrund seiner starken nationalistischen Identifizierung ein Mitglied der Nazipartei hätte sein können. Ich hoffe, dass ich mich täusche und mein Vater diese Möglichkeit, falls wir darüber diskutiert hätten, vehement verneint hätte. Eine andere Seite von ihm identifizierte sich mit Sozialismus und Klassengleichheit. Jahre später war er ein stolzer Amerikaner. Er drückte eine lebenslängliche Dankbarkeit aus für Amerika, das Land, das uns aufgenommen hat.

Die Ehe meiner Eltern erwies sich als intellektuelle Frustration für meinen Vater. Er demütigte meine Mutter mehr als einmal. Er machte sich über ihre jährlichen „Ausbrüche der Religion" lustig. Auch ich hatte nichts dergleichen und fand keinen Trost in der Religion. Jedoch erinnere ich mich an zwei deutsche Gebete aus meiner Kindheit, die mein Vater mich lehrte. Heute glaube ich, dass es Gebete für christliche Kinder waren. Ich sagte das eine oder das andere auf, bevor ich, beruhigt von beiden, sowohl von meiner Mutter als auch von meinem Vater, die ganz nah bei mir standen, eingeschlafen bin. In diesen Momenten der Unschuld und der Kindheit fühlte ich mich geliebt, und heute bin ich erfüllt von Traurigkeit für die verlorene Unschuld. Sogar heute, wenn ich in dieser Erinnerung verweile, kommen mir fast die Tränen, bis ich mich wieder an das Wesen der Vergänglichkeit erinnere.

Müde bin ich, geh zur Ruh,

schließe beide Äuglein zu,

Vater, lass die Augen dein

über meinem Bettchen sein.

Ich bin klein,

mein Herz ist rein

soll niemand drin wohnen

als Gott nur allein.

An dem Tag im Jahre 1944, an dem ich eingebürgert wurde, war ich neun. Ich trennte mich von meinem deutschen Namen Gisela und wählte Lillian. Durch Zufall hatte ich in der Reihe, wo ich wartete, jemanden den Namen Lillian sagen hören. Dies sollte mein amerikanischer Name sein. Ich war nach meiner Großmutter väterlicherseits Gisela genannt worden. Persönlich habe ich sie nie kennengelernt, weil sie Selbstmord begangen hatte, bevor ich im Jahre 1933 gezeugt wurde. Ihr Tod war ein weiteres Familiengeheimnis; niemand sprach über Selbstmord. Ich fühlte mich mein Leben lang zum Geist meiner Großmutter hingezogen. Ohne ihr Wissen hat sie mich nahe bei meinen Wurzeln gehalten, und ich habe mich selbst als einen Teil von ihr empfunden. Ich hatte als junge Frau einen Traum, in dem sie mir leibhaftig erschienen ist und mit mir gesprochen hat: „In Deutschland war eine furchtbare Zeit, meine Liebe, denn Hitler hatte die Macht ergriffen. Natürlich glaubten wir, dass uns die dunklen Wolken nicht erfassen würden, die über uns hingen. Wir sahen uns als gebildete Elite Deutschlands, kreativ, produktiv und wohlhabend. Seit Generationen hatten wir uns der Gesellschaft angepasst, gut abgeschirmt und sicher als „gute Deutsche". Ich hatte jedoch eine Vorahnung, dass du und ich uns niemals kennenlernen würden. Dies, liebe Gisela, ist eine traurige Wahrheit meines Lebens. Ich wollte eine Großmutter sein, um dir mein Erbe zu überlassen. Du und ich, wir sind ausersehen, die gleiche Sensibilität zu besitzen, unsere Liebe zur Natur, unser sanftmütiges Wesen sowie auch unsere Liebe zur Musik. Ich spielte auch Bach und Mozart auf dem Klavier. Ich überließ Fritz meine ungekürzten Urnoten für vier Hände von Mozart, Händel, Schumann und Schubert. Hast du diese Musik mit deinem Vater gespielt? Hat er dir die Musik überliefert? Hast du sie noch? Meine Liebe, ich will dir ein Geheimnis anvertrauen. Ich litt einige Jahre unter Depressionen und behielt es für mich. Depressionen waren nichts, worüber man gesprochen hat. Eines Tages, während der dunklen Stunden meines Lebens, tat ich den schicksalshaften Schritt in meinen Tod. Vielleicht war es der Aufstieg von Hitler, unser Verlust persönlicher Stärke, weil unser geliebtes Deutschland durch diese grausamen und widerwärtigen

Rassengesetze, die meine Depressionen noch vertieften und mir das Leben unerträglich machten, so verändert wurde. Vielleicht war es diese Depression, worüber nicht gesprochen wurde. Dieses Urgeheimnis, meine Liebe, übergebe ich dir als ein Geschenk des Lichts. Lass das Geheimnis nicht länger begraben bleiben. Hab keine Angst, dich selbst zu beweisen, meine Lieblingsenkelin. Stehe immer mit Stolz im Licht."

Meine Großmutter Gisela war meine geistige Verbindung zu meinen deutschen Wurzeln. Meine eigene Mutter Lilli war abweisend. Ich wusste damals nicht, wie sehr sie mich brauchte, damit sie mich anpassen konnte, um so zu sein wie sie. Vielleicht bildete ich mir ein, dass die Wahl meines neuen Namens, mich ihr näher bringen würde, weil wir dann beide „Lilli" wären.

Als wir in der langen Reihe standen und auf unseren Einbürgerungstest warteten, betreute mich mein Vater. Er musste sicher sein, dass ich nichts sagte, was unsere Chancen, amerikanische Staatsbürger zu werden, gefährden könnte. Ich kann mich an diesen Tag erinnern, als er mir sagte, ich solle nicht vergessen, den Prüfern zu sagen, dass Hitler ein schrecklicher Mann und unser Feind sei. Natürlich wusste ich das bereits und brauchte nicht daran erinnert zu werden. Ich war neun und wusste, warum ich dort war. Meine Mutter bestand darauf, dass ich in der Reihe blieb und zog mich zurück, wenn immer ich aus der Reihe tanzen wollte. Sie drückte mich eng an sich, während ich in das Gesicht meines Vaters blickte, in seine warmen braunen Augen, eine Lucky Strike zwischen seinen Lippen. Ich liebte ihn sehr. Groß und schlank, trug er sein glattes braunes Haar auf einer Seite geteilt und trug seinen gewohnten blaugestreiften Anzug mit einem weißen Einstecktuch in der Brusttasche . Meine Mutter war in ein hellgrünes Wollkostüm gekleidet, ihre immer präsente hellblaue Brosche an den Kragen ihrer bestickten weißen Bluse gesteckt. Diese einst elegante Kleidung war getragen und veraltet. Am Ende des Tages wurde ich eingebürgert. Wir waren jetzt Bürger der USA. Nun war ich sowohl Deutsche als auch Amerikanerin.

Als ich zehn Jahre alt war, lebte meine beste Freundin und zugleich schlimmste Feindin, Joyce Eriksson, gegenüber. Sie war eine Freundin mit zwei Gesichtern, und ich konnte nie sicher sein, wann sie sich gegen mich wenden würde. Entweder sie mochte mich, oder sie hasste mich. Weil ich Angst vor ihr hatte, besaß sie große Macht über mich. Sie konnte sich über mich lustig machen und die Mädels der Nachbarschaft gegen mich aufhetzen. Ich war das einzige jüdische Mädel in dem Wohnblock und fühlte mich immer anders als die anderen. Als Joyce meine beste Freundin sein wollte, war ich sehr glücklich. Eines Tages, auf meinem Heimweg von der Schule, kam mir Joyce und zwei ihrer Freundinnen entgegen und als sie näher kamen, schrie Joyce: „Die Juden haben Christus getötet, Christus-Mörder!" Die anderen stimmten ein: „Christus-Mörder, ihr habt Christus getötet." Ich ging schneller, weil sie mit ihren rassistischen Beschimpfungen fortfuhren. Ich wandte mich zu ihnen um und schrie zurück: „Nein, das taten sie nicht!" Mir liefen die Tränen, und ich wollte nur noch nach Hause. Ich verstand nicht, was ich überhaupt mit dem Mord an Christus zu tun hatte? Warum mussten die Menschen den Juden dafür die Schuld geben? Ich war erschrocken und realisierte deshalb kaum, dass es Antisemitismus war, der mich so verletzt hatte. Beim Abendbrottisch fragte ich meinen Vater, weshalb Menschen sagten, die Juden hätten Christus ermordet. „Wer hat dir das gesagt, Gisela?" Sein Gesicht wurde bleich, er zündete sich eine Lucky Strike an. „Das ist überhaupt nicht wahr. Jesus selbst war Jude und wurde von den Römern ermordet." Ich beobachtete meinen Vater, wie er geistesabwesend Asche auf den Tisch fallen ließ. Schweigen. Mein Vater wandte sich zu meiner Mutter um und wollte ihre Hand nehmen. Sie zog sie zurück, unfähig Trost zu bieten. Dann sprach mein Vater, wie aus weiter Ferne: „Mein Gott, Lilli, auch hier ist es dasselbe, dasselbe geht auch in Amerika vor sich. Wir können nicht davonlaufen."

Mit den Jahren wurde mein Vater frustriert und immer wütender auf meine Mutter, aber er drückte es ihr gegenüber nie direkt aus. Er demütigte und kritisierte sie, wohingegen er sie bei anderen Gelegenheiten als wundervolle Frau lobte. Als Liebhaber von Büchern und Ideen ärgerte ihn ihr Mangel an Intellekt. Ich lernte, meine Spontanität und viel von meiner eigenen Kreativität zu verbergen. Schlechte Noten, schmerzliche Scheu und ein Mangel an Vertrauen ließen mich meine Jahre auf der High School vergessen. Irgendwie wusste ich, dass ich das Haus nach meinem Abschluss so schnell wie möglich verlassen musste.

In meiner Teenagerzeit wuchs das Kontrollbedürfnis meines Vaters stärker als die Angst meiner Mutter. Sie fuhr fort mit dem Sparen, und mein Vater, der in Gesellschaft anderer so charmant sein konnte, fuhr fort mit dem Kritisieren. Ich fühlte mich mit mir oder mit meiner aufkommenden Sexualität nicht wohl. Ich hatte keine Verabredungen, fühlte mich wie ein Mauerblümchen und konnte mich nicht genügend konzentrieren, um anständige Noten zu bekommen.

Erschwerend kam hinzu, dass mein Vater nicht gegen seine Frau, die ihn weiter in Wut versetzte, ankommen konnte. In den Zeiten, in denen meine Mutter ihren engen Griff lockern konnte, wenn sie versuchte, aus ihrer Furcht auszubrechen und der Welt nach deren eigenen Bedingungen zu begegnen, fand mein Vater einen Weg, sie abzustempeln, sie zu unterdrücken oder sie zu kritisieren. Auf diese Weise verstärkten meine Eltern gegenseitig ihre Unzufriedenheit. Ich war nicht gut genug im Gymnasium, um aufs College gehen zu können und meine Eltern ermutigten mich nie. Ein wohlhabender deutscher Freund meiner Eltern, Julius Steiner, war ein Sponsor des Mount-Sinai-Krankenhauses. Auf seine Empfehlung konnte ich die Pflegeschule besuchen. Das war mein Eintritt in eine neue Welt, die mir einen Beruf verschaffen würde. Es war ein Schlüssel zur Freiheit und meine *entrée* auf dem Weg zur Selbsterkenntnis. Im Jahre 1953 zog ich von Zuhause aus und trieb den Untergrund von deutsch-jüdischen Flüchtlingen voran.

Weg von Zuhause

Was für ein Glück, dass ich die Stärke fand, meine Eltern zu verlassen. Als ich einen Brief erhielt, der mich zu einem Vorstellungsgespräch an der Krankenpflegeschule einlud, verspürte ich anfangs Angst. An dem Tag jedoch, als ich in dem großen Büro der stellvertretenden Pflegedirektorin, Minnie Struthers, gegenüber saß, erkannte ich die Güte in ihrem Gesicht. Ich war beeindruckt von ihrer gestärkten makellos weißen Uniform und der Mount-Sinai-Kappe, die stolz auf ihrem silbernen Haar saß. Ich war siebzehn und dabei, in ein neues Leben zu gehen. Ich erinnere mich noch an ihre Worte: „Du hast Potential, aber du wirst sehr hart arbeiten müssen." Ich habe mich riesig gefreut, zu wissen, dass ich akzeptiert worden war. Die drei harten Jahre, die ich in der Krankenpflegeausbildung verbrachte, waren eine wunderbare Zeit. Ich wurde Teil der Mount-Sinai-Krankenhaus-Gemeinschaft und ebenso eine der zehn sich abrackernden Schwesternschülerinnen meiner Klasse im Februar 1956.

Eine wunderbare Tür hatte sich geöffnet, die mein Leben veränderte. Als ich das Examen machte, bekam ich einen flüchtigen Eindruck meiner Intelligenz und Sensibilität. Ich hatte es sehr gut bestanden und keine schwerere Zeit als jede andere beim Üben, ein bedeutender Meilenstein für mich. Ich wurde eine in New York registrierte examinierte Krankenschwester und emanzipierte mich. Ich liebte meine Arbeit als Oberschwester von Ward K., wo ich Schwesternschülerinnen unterrichtete und die Verantwortung für eine medizinische Frauenstation mit 40 Betten übernahm. Irgendwann zog ich aus dem Schwesternheim aus und fand ein Appartement, das ich mit Rose teilte, einer Sinai-Freundin.

Am 18. Februar 1959 begegnete ich Frank, dem Mann, den ich

heiraten würde, in der Lobby der Carnegie Hall. An diesem Nachmittag hatte mich meine Liebe zur Musik zum Boston Symphonie-Orchester gebracht. Ich hatte mir Roses Kleid geliehen, das meine schlanke Gestalt betonte. Obgleich ich mein wildes, dunkles, widerspenstiges Haar nicht mochte, war ich selbstbewusst. Als ich sieben Jahre alt war, hatte meine Mutter zu mir gesagt: „Ich glaube, ich bin nicht deine Mutter, Gisela. Du musst ein Stiefkind sein, denn niemand in unserer Familie hat Locken." Sie hatte mich mit ihren Worten verwirrt, indem sie mehr als einmal wiederholte, dass ich nicht ihr Kind sei. Sie war sich nicht bewusst, dass ich ihr teilweise geglaubt habe. Als ich mich der Kasse in der Carnegie Hall näherte, wedelte ein großer, dunkelhaariger, gut gekleideter Mann mit einem Ticket in der Luft. „Brauchen Sie eine Eintrittskarte?" Er lief dynamisch auf mich zu und erklärte, es sei ein großartiger Platz, für nur sechs Dollar. „Das ist zu viel Geld", sagte ich und meinte es so. Sechs überstieg mein Limit. Er verkaufte es mir für drei und ich folgte ihm die Stufen hinauf zu seiner Familienloge. Die Begrüßung, die mir entgegengebracht wurde: „Willkommen in der Familie für diesen Nachmittag", konnte nicht prophetischer sein. Mir wurde die Vorderreihe angewiesen und ich nahm dort Platz. Nur einmal drehte ich mich um und sah den großen Fremden, dessen Augen mich fixierten.

So begann es. Ich war naiv, unreif und völlig verletzlich. Nach dem Konzert lud Frank mich auf einen Drink ein, und wir gingen ein paar Blocks weiter zum Oak-Raum des Plaza Hotels. Ich hatte keine Ahnung, was ich mit dem Mann anfangen sollte, der solch ein Interesse für mich zeigte. Ich erfuhr, dass er 31 Jahre alt war und in italienischer Literatur an der Columbia Universität promovierte, und zwar in italienischer moderner Nachkriegsliteratur und Politik. Er lehrte Dante als außerordentlicher Professor. Ich war beeindruckt und eingeschüchtert, scheu und erleichtert, dass hauptsächlich er das Gespräch führte. Nie war ich einem solch Intellektuellen begegnet. Ich fühlte mich minderwertig. Wir unterschieden uns nicht nur im Alter, sondern auch in unserer Lebenserfahrung. Frank war verheiratet und dann geschieden worden. Er war nach Italien gereist und hatte mehrere Jahre dort studiert.

Franks Welt des Intellekts und des Privilegs war ungewohnt und verwirrte mich. Bald wurde deutlich, dass Franks Familie reich war. Sie hatten zwei Häuser, eins in Hewlett Harbor, einem wohlhabenden jüdischen Viertel der fünf Städte an der Südküste von Long Island, und das andere war ein Maisonnette-Appartement im Gramercy Park. Sie beschäftigten ein Hauswirtschaftsehepaar und einen Fahrer, der ihren Bentley fuhr. Ich war an ihrem Reichtum nicht interessiert. Für mich war wichtiger, dass sie mich mochten. Trotz ihrer früheren Position in Deutschland unterschied sich das Leben meiner Eltern von dem von Franks Eltern. Ich wurde durch seine Aufmerksamkeit, die Kultiviertheit seiner Welt, durch seine Lebenserfahrung und seine Reife verführt. Damals wusste ich noch nicht, wie der Alkoholismus letztendlich zu einer zerstörerischen Kraft unserer Ehe werden würde.

Als meine Eltern Frank trafen, waren beide zu meiner Überraschung vollkommen angetan von ihm. Er war gebildet und sprach beredt, Eigenschaften, die sie beeindruckten. Frank hielt die Tür auf, als ich beim ersten Treffen ins Auto stieg. Er schaute zu mir herüber und lächelte. „Du siehst wunderschön aus", sagte er. Wunderschön? Sprach er mit mir? Ich hatte andere sagen hören, ich sei hübsch und sähe ungewöhnlich aus, aber ich selbst fand mich niemals wunderschön. Während einer Party, die einer seiner Studenten gab, machten wir es uns auf einer Eckcouch bequem und plauderten. Wir waren stundenlang versunken. Er fragte, ob ich mit ihm nach Hause käme. Ich zögerte nicht. Dort angekommen legte er eine Schallplatte auf, Prokofieffs fünfte Symphonie, und setzte sich neben mich auf die Couch, vor einem kleinen Kamin. Ich war bewegt, als ich Tränen in seinen Augen sah. Es berührte mich, dass dieser Mann seine Emotionen so frei zeigen konnte und so von der Musik ergriffen wurde. Franks Appartement an der Ninth Street der Fifth Avenue hatte eine ruhige, elegante Atmosphäre. Bücherregale säumten die Wände, einige kleine Antiquitäten hier und da, nichts Übertriebenes und sicherlich nichts Schäbiges. Er goss sich selbst einen Cognac ein und kochte eine Tasse Tee für mich. Wir setzten uns und dann lagen seine Lippen auf meinen. Ich war total überrascht. Ich wusste nicht genau, was ich dort tat. Ich gab mich ihm hin. Mein Körper tat etwas, während mein Kopf losgelöst blieb. So war ich aufgewachsen. Meine Gedanken zu beantworten und mich selbst verbal auszudrücken, war nicht verstärkt worden. Ich war einsam, geschmeichelt und unvorbereitet auf das, was kam.

Einige Wochen später war ich außer mir. Meine Periode blieb aus. Ich war schwanger, unverheiratet und nicht verliebt. Wie konnte ich das geschehen lassen? Konnte ich einfach sagen, ich war naiv? Es kam mir nicht in den Sinn, dass auch Frank dafür verantwortlich war. Weshalb hatte er nicht verhütet? Ich hinterfragte es nie. Ich stand abseits, ohne richtig in mein Leben zu treten oder die Verantwortung für meine Handlungsweise zu übernehmen. Die Passivität, die ich in dieser Zeit meines Lebens annahm, sollte nach hinten losgehen und Traurigkeit und tiefe Unzufriedenheit verursachen, aber ich kannte keinen anderen Weg. Besorgt und völlig unvorbereitet auf die Mutterschaft, wurde ich wütend. Eine Abtreibung, auch wenn sie illegal war, hätte ich durch meine medizinischen Kontakte arrangieren können. Das kam mir nie in den Sinn.

Ich musste es Frank sagen. Beim Abendessen bei Rocco's in Greenwich Village platzte ich heraus: „Frank, ich bin schwanger." Die sofortige Freude in seinem Gesicht überraschte mich. Er streckte seine Arme aus und hielt meine Hände. Ich war mir der

Tiefe seiner Gefühle nicht bewusst gewesen. „Mein Schatz, das ist fantastisch!" Seine Worte rissen mich augenblicklich mit in seine Begeisterung. Er wollte mich heiraten. Ich fühlte Scham. In den Fünfzigern mussten Paare heiraten, bevor ein Kind gezeugt wurde. Wir waren Außenseiter. Ich kämpfte gegen meine Gefühle, meine ungeplante Schwangerschaft an und dagegen, wie schnell mein Leben auf den Kopf gestellt worden war. Ich fühlte mich elend.

Eines Abends brach ich bei meiner Zimmergenossin Rose zusammen. Ich sprach von meiner Traurigkeit, meinen Ängsten und meiner Verwirrtheit, sie verhalf mir zur Einsicht. Ihre einfache und unkomplizierte Antwort war völlig unerwartet. „Manchmal, Lillian, ist das Glück, das du suchst, direkt vor dir und du erkennst es nicht einmal." Zwar hatte ich andere Vorstellung von meiner Zukunft, so war doch die Schwangerschaft ein Grund, um zu heiraten, und darum akzeptierte ich Franks Heiratsantrag.

Ich musste nach Bayside fahren, um meinen Eltern von dem Baby zu erzählen. Ich war besorgt und hatte Angst, dass meine Eltern mich kritisierten, geschockt oder enttäuscht sein würden. Wir saßen beim üblichen deutschen Essen zusammen, das mein Vater für uns zubereitet hatte. Ich hatte keinen Appetit und das Rumpeln in meinem Bauch signalisierte Stress.

Beim Tee sagte ich: „Ich bin schwanger. Frank und ich werden heiraten." „Gott", dachte ich, „ich fühle mich schrecklich." Meine Eltern reagierten voller Freude und Begeisterung. Ich konnte es kaum glauben. Mein Körper entspannte sich und auch ich begann zu lächeln. Wir umarmten uns. Carol, damals 17 Jahre alt, kam hinüber und schlang ihre Arme um mich. In meinen kühnsten Träumen hätte ich mir diese Reaktion nicht erwartet. Meine Mutter goss Tee ein und mein Vater ging an seinen Schrank und nahm eine Flasche Schnaps heraus.

Teil I

„Lasst uns einen Toast aussprechen", sagte er, „unser erstes Enkelkind, Gisela. Das ist wunderbar." Er lächelte meine Mutter an, die ebenso glücklich aussah. Es war ein Augenblick voller Wärme. Franks Eltern akzeptierten mich sofort in ihrer Familie. Sie waren begeistert und hofierten mich. Sie hatten gehofft, Frank würde wieder heiraten und vernünftig werden. Sie waren außer sich vor Freude, Großeltern zu werden, der erste Enkelkind. Phil war etwas Besonders vom ersten Moment, wo er angekündigt wurde. Alles wirbelte so schnell um mich herum, und ich konnte es nicht mehr auffangen. Ich wurde in einen völlig neuen Lebensstil gewirbelt. Dass ich durch meine Hochzeit finanziell frei geworden war, hat mich kaum berührt; es schien einfach keine Rolle zu spielen. Obwohl Frank in den Wohlstand hineingeboren wurde, hatte er ein starkes soziales Bewusstsein entwickelt und glaubte an ein gerechteres System, bei dem Gesellschaften nicht in Arm und Reich aufgeteilt sind. Er wollte, dass die Armut beseitigt wird, und schrieb über die Prinzipien der sozialen Gerechtigkeit. Er eröffnete mir eine neue Gedankenwelt.

Wir heirateten in der City Hall am 27. April 1959. Es war eine schnelle, unspektakuläre Zeremonie. Wir kannten einander kaum. Ich verstand nicht, wie ich mit so wenig Fanfaren heiraten konnte, an jenem Dienstagvormittag. Ich hatte mich noch nicht einmal um die Planung meiner eigenen Hochzeit gekümmert. Es „geschah" alles einfach nur. Wie eigenartig, ohne Eltern, Freunde oder Liebe zu heiraten. Ich hatte damals wenige Träume, nur die Träume anderer. Rose war unsere Trauzeugin, da ich die Scham meiner Schwangerschaft in mir trug. Danach ging Frank fort, um seine Dienstag-Klasse am Adelphi-College zu unterrichten. Rose und ich gingen in den Film „*Imitation of life*".

Ich zog aus meinem Appartement aus und begann ein Leben mit Frank. Was sich heute so eigenartig anfühlt, ist, anzuerkennen, dass ich damals glaubte, ich könnte alles sein, was mein Ehemann wollte, wie eine Brezel, geformt von jemand anderem, biegsam und ohne eigene Meinung. Ich stellte die Rolle der Frauen nicht in Frage, bevor in den 1970-er Jahren die Frauenbewegung unser Bewusstsein erweiterte. War mein überholtes Denken das Produkt meiner strengen, repressiven Kindheit? Ich war nicht zur unabhängigen Denkerin erzogen worden, schon gar nicht dazu, eine eigene Meinung zu haben.

Ich heiratete einen Akademiker, der über die italienische Widerstandsbewegung während des Zweiten Weltkriegs unterrichtete und schrieb. Wir hatten drei Kinder, Philip, Daniel und Lydia. Frank war mehr Sozialist als Jude, und nach einigen Jahren zogen wir mit unseren kleinen Kindern nach Italien. Frank setzte sich in der Forschungsarbeit ein, hauptsächlich wegen eines Buches, das er über Silvio Trentin, Jurist und Partisan, schrieb, mit dessen Familie wir ein Leben lang befreundet waren. Linke Politik war ein starker Fokus unseres Lebens. Als Franks Partnerin wurde mein politisches Einfühlungsvermögen gefördert und wuchs. Wir hatten Maoisten als Freunde, als sie noch in Italien vor der Kulturrevolution aktuell waren, bevor Mao in Ungnade fiel. Ich hasste jegliche Form der Unterdrückung und Diktatur. Ich war gegen Kriege und nukleare Aufrüstung, aber auch für Revolutionen, auch wenn sie blutig waren. Ich fühlte mich einerseits als Revolutionärin und andererseits als Pazifistin.

Eines Abends wurden wir eingeladen, um auf einem politischen Treffen der italienischen kommunistischen Partei (PCI) in Turin zu sprechen. Frank hatte eine Agenda, um gegen den amerikanischen Krieg in Vietnam zu sprechen. Wir saßen an einem langen Tisch auf einer Bühne, schauten auf ca. 150 Parteimitglieder. Sie waren uns feindlich gesinnt, weil wir Amerikaner waren. Ich war nervös, weil ich kaum Italienisch sprach und war einmal mehr froh über die

Teil I

Tatsache, dass Frank das Sprechen übernahm. Nach zwei Stunden voller Zwischenfälle, Unterbrechungen, Protestgeschrei und Fragen, konnte Frank sie für sich gewinnen. Die Menschen im Publikum klatschten Beifall, kamen zu uns herüber, um uns zu umarmen und unsere Hände zu schütteln. Es war ein wundervolles Gefühl der Verbundenheit, ganz besonders, weil zu Beginn eine Atmosphäre von Feindschaft zu spüren war.

In den folgenden Monaten spielte ich die gute Ehefrau, aber letztendlich rebellierte ich. Ich kleidete mich auffallend, trug lange indische Kleider oder lange Röcke mit sexy Tops, die mehr Haut als Stoff zeigten. Ich trug übergroße Ohrringe, während Schmuckkämme, die lieblos auf den Kopf gesteckt waren, mein widerspenstiges, taillenlanges Haar zusammenhielten. Ich war es leid, Anhängsel meines welterfahrenen, brillanten und begehrten Ehemanns zu sein. Ich wollte nicht die „Frau des Professors" sein. Meine Identität wechselte sich zu der eines „Hippie" und ich kümmerte mich nicht darum, was andere dachten. Die Tatsache, dass wir in Turin, einer konservativen, verklemmten und im höchsten Grade bürgerlichen Stadt lebten, machte es nicht leicht. Ich kompensierte meine Unfähigkeit, mich mit Intellektuellen zu unterhalten, indem ich mich weigerte, mich konservativen Normen anzupassen. Ich brannte darauf, aus allem Konventionellem auszubrechen. Ich wollte frei von Erwartungshaltungen sein, wer ich sein sollte oder wie ich mich verhalten sollte. Diese kamen nie von Frank direkt, sondern eher aus dem Kreis der intellektuellen hochgeborenen Italiener, mit denen wir herumhingen. Der Rest meines Kampfes fand in meinem Innern statt. Ich wusste damals nicht, wer ich war. Gerade 31 Jahre alt, verspürte ich einen Freiheitsdrang, was auch immer das bedeutete. Politisch brachte mich diese anfängliche Rebellion nicht weiter als zu: „Scheiß auf das System. Ich war gegen den Vietnam-Krieg und traute unserer Regierung nicht." Für einen Flüchtling, der damals Amerika liebte, war dies eine gewagte Aussage in einem belanglosen Ausdruck von Anarchie.

Im Jahre 1967 gingen wir zurück nach Cleveland, wo Frank eine Professur an der Case Western Reserve Universität annahm. Der Vietnam-Krieg befand sich auf dem Höhepunkt und wir wurden in der Antikriegsbewegung aktiv. Unser politisches Leben bestand aus Teachins, lokalen Demonstrationen, Märschen auf Washington, Wehrpflicht-Beratung, politischen Debatten und Benefizveranstaltungen. In den Sechzigern drückte der Dialog zwischen uns viele Ansichten aus, wobei die Themen offen und leidenschaftlich diskutiert wurden. Im aktuellen politischen Klima hat sich das dramatisch verändert. Der 11. September und das Anti-Terrorgesetz (Patriot Act) haben eine Atmosphäre von Furcht und Militarismus geschaffen. Damals in den Sechzigern bemühten wir uns, sicherzustellen, dass die Regierung unsere Stimmen hörte. Unsere Märsche in Washington waren wirksam, weil sie in hohem Maße organisiert wurden und verschiedenen Anti-Kriegs-Bewegungen ermöglichten, mit einem Gefühl der gemeinsamem Zielsetzung, Hoffnung, Rückenstärkung und Vitalität zusammenzukommen.

„Die Macht des Volkes" war ein bekannter Slogan zu der Zeit. Außerdem wurde in den Medien über abweichende Meinungen berichtet. Fotos von der Brutalität des Krieges wurden noch nicht zensiert, so dass der Krieg für die Amerikaner sichtbar wurde. Auch das hatte Auswirkungen und ließ die Menschen unsere (militärische) Einmischung hinterfragen und sich in Abscheu empören.

Langsam begann ich, meine Meinung zu äußern. Warum ging dieser Krieg weiter? Was sagte uns unsere Regierung? Warum, zum Teufel, waren wir überhaupt erst in Vietnam?

Dann gab es Aktivisten wie der Soziologe Sidney Peck, die uns instruierten und zusammenbrachten. Er stand an der Spitze der

Teil I

Anti-Kriegsbewegung und flößte uns „Volksmacht" ein. Es gab viele progressive Anti-Kriegsführer in dieser historischen Zeit. Wir hatten Ben Spock als Teil unserer Gemeinschaft, um zusätzlich die starken Stimmen der Opposition zu beleben. Ich erinnere mich an Treffen in seinem Hause, wo er die Organisatoren der Campus-Bewegung bewirtete. Wir alle waren miteinander befreundet, und ich werde die Kameradschaft dieser Zeit immer vermissen. An einem wundervollen Samstag im frühen Oktober 1967 wurde der sozialistische und pazifistische Ministers, Norman Thomas (1884-1968; sechsfacher Präsidentschaftskandidat für die Sozialistische Partei Amerikas), damals bereits über 80 Jahre alt, eingeladen, um auf dem Campus zu sprechen. In unserem Gymnasium führte Frank diese große, eindrucksvolle Persönlichkeit in einen riesigen Saal, wo sich Studenten und Professoren zusammengedrängt hatten. Wieder einmal wurden wir in der Campus-Bewegung mit neuer Energie versorgt und fühlten eine starke Solidarität in unserer Freundschaft und unserem gemeinsamen Kampf für ein besseres Amerika. Es war eine herrliche Zeit, und ich habe mich seitdem kaum mehr so sehr als Teil einer Gemeinschaft gesehen, die uns allen Liebe und enorme Hoffnung gegeben hat.

Die Sechziger und frühen Siebziger waren eine Zeit der Hoffnung auf Veränderung. Wir wollten, dass Amerika eine offene Gesellschaft ist, die sich zu gewaltlosen und diplomatischen Lösungen verpflichtet. Jung und idealistisch, sehnten wir uns danach, einen Unterschied machen zu können. Dann, am Wochenende vom 4. Mai 1970, kam es zum Kent-State-Massaker (an der Kent State University in den USA wurden vier Studenten erschossen und neun teils schwer verletzt, als die Nationalgarde des Staates Ohio während einer Demonstration gegen den Vietnamkrieg das Feuer auf die Menge unbewaffneter Demonstranten eröffnete. Bis heute wurde niemand dafür zur Verantwortung gezogen.) und unser

Recht auf Protest wurde brutal gestoppt. Protestierende Studenten hatten ein Wochenende von gewaltlosen Mahnwachen, Teach-ins und Feiern in den lokalen Bars geplant. Es war eine wundervolle Campus-Erklärung von engagierten jungen Menschen. Der Campus wurde angegriffen, als die Nationalgarde eingeschaltet wurde. Die Gardisten trugen Gasmasken und Springerstiefel. Sie hielten Tränengaskanister und Maschinengewehre im Anschlag. Wenn ich mir den Tag in Erinnerung rufe, sehe ich die Tragödie vor meinen Augen. Obwohl ich persönlich nicht da war, haben Freunde, die Zeugen dieses Vorfalls waren, mir Zug um Zug von der Brutalität der Polizei berichtet. Die Studenten gerieten nach der Ankunft der Garde in Rage, und der Tenor des Protests, der friedlich war, änderte sich schlagartig. Alle Harmlosigkeit war verloren. Die Gardisten waren ein wilder Haufen. Vier Studenten wurden getötet: Allison Krause, Sandy Scheuer, William Schroeder und Jeffrey Miller. Sie waren ihren Mördern nie näher als 100 Meter gekommen. Neun andere wurden schwer verletzt. Sie bleiben unsere Kinder, die wir zwar verloren –, aber keineswegs vergessen haben. Die Gewalt der Nationalgarde in Kent State hinterließ ein bleibendes Trauma in der amerikanischen Gesellschaft. Man konnte sich nicht länger sicher fühlen, um sich für das, woran man glaubte, einzusetzen und sich ohne Bedrohung durch eine gewaltsame Polizeiaktion in Versammlungen und Protesten zu widersetzen.

In den Sechzigern wurde die Jugend gravierend durch Drogenkonsum beeinflusst. Meiner Ansicht nach zerstörte dieser den Elan und die Energie der Hippiebewegung für eine freiere Gesellschaft. Ich beobachtete, wie die Drogen den Körper vergewaltigten und den Verstand kontrollierten. Ich war auch Zeuge, wie mein Sohn Philip, der auf dem Höhepunkt der Sechziger geboren wurde, durch den Drogenkonsum sein Leben verlor.

TEIL I

Befreiung

Zu Beginn der Frauenbewegung in den frühen Siebzigern waren wir von Cleveland in unser Greenwich Village-Appartement am Washington Square gezogen. Frank war nun Professor am Queens College, CUNY. Ich immatrikulierte mich für einen Bachelor of Arts-Abschluss am Hunter College. Die verstärkten Proteste und das Chaos durch den andauernden Vietnam-Krieg spiegelten den Riss in meiner Ehe wider. Ich wurde mir bewusst, dass Frauen sich aus der Tyrannei ihrer eingeschränkten Rolle befreien konnten. Auch fand ich einen Anker in den Stimmen der Frauen, die zu meiner Überraschung meine eigene Unzufriedenheit widergaben. Meine Ehe war am Scheitern, und ich hatte keine berufliche Perspektive. Ich hatte die Krankenpflege aufgegeben und wusste noch nicht, dass es vielen Frauen genauso erging.

Der Beginn meines „Erwachens" geschah eines Nachmittags, als ich „Das andere Geschlecht" von Simone de Beauvoir las. Wie unglaublich, dachte ich, dass mein Leben als Frau und Mutter dem Leben anderer Frauen entspricht und ich nicht alleine damit bin. Was für eine Überraschung, denn ich hatte mich in meinem Unglücklichsein isoliert gefühlt. Eines Nachmittags lud mich meine Nachbarin und Freundin, Alix Shulman, ein, sie zu einem „Redstocking"-Treffen zu begleiten. Ich erinnere mich an das erste Treffen, in Greenwich Village, wo ich Ellen Willis, Gründerin der Redstockings (1969 gegründete, radikalfeministische Frauenrechtsbewegung), die eine mächtige Stimme in der progressiven Frauenpolitik werden würde, kennenlernte. Sieben Frauen, Fremde, saßen in einem Kreis, als ich ihre Worte hörte, sie sprudelten ihre Frustrationen, ihre unerfüllten Ehe- und Minderwertigkeitsgefühle gegenüber den Männern in einer von Männern dominierten Gesellschaft heraus. Begeistert identifizierte ich mich mit alledem.

Einmal pro Woche trafen wir uns im Schutz unseres sicheren Raumes. Wir wurden zu Schwestern, Freundinnen anstatt Konkurrentinnen, worauf wir in Bezug auf andere Frauen programmiert waren. Die Bewegung zog mich an wie ein Magnet, und ich wurde mit den Frauen solidarisch in unserem Kampf für Gleichberechtigung und Freiheit. Es war eine wichtige Zeit, die die Entstehung der Selbstbestimmung der Frau ankündigte, mit einer eigenen Stimme, einem Körper, über den sie mehr erfahren und den sie lieben konnte. Ich hatte mich niemals zuvor mit Frauen verbunden und lernte, ehrliche Freundschaften unter Frauen ohne Konkurrenzdenken, aber mit Verständnis und Liebe kennen. Die Bewegung führte uns in Hochschulen und Vorstandsetagen, zu Wissenschaft, Jura und Medizin. Wir identifizierten uns damit wie Kinder, viele unserer Stimmen waren zum Schweigen gebracht und zum „anderen Geschlecht" degradiert worden. Wir wurden eine Schwesternschaft. Meine Schwestern würden Autorinnen, politische Schriftstellerinnen und Aktivistinnen werden. Ich würde meinen Bachelor-Abschluss am Hunter College im Alter von 42 Jahren ablegen, einen Hochschulabschluss in Sozialarbeit erhalten und die Ausbildung in individueller und Gruppen-Psychoanalyse vervollständigen. Ich würde den Mut haben, eine Menschenrechtsaktivistin zu werden.

Ich stehe für immer in der Schuld der Frauen, die sich vorkämpften, um zu einer mächtigen Freiheitsbewegung zu werden. Diese enorme Aufbruchszeit motivierte mich, in mich hineinzusehen und danach zu suchen, wer ich bin. Ich fühle Stolz, dass unsere Frauengeneration ein Vermächtnis für die Frauen zukünftiger Generationen geschaffen hat.

Ich fand meine Stimme in den Siebzigern, und in dieser Zeit endete meine Ehe. Trotz unserer Probleme gab es einen Reiz, eine

TEIL I

verführerische Intensität mit Frank, die mich zu ihm hinzog, immer dann, wenn ich dachte, ich könnte ihn nicht länger lieben. Ja, ich hatte Frank liebgewonnen. Mein Leid war auf dem Höhepunkt, wenn Frank getrunken hatte oder in Wut ausbrach. Es bestand nie eine physische Gefahr, aber ich empfand mein Leben als instabil. Diese Furcht machte aus mir ein Opfer. In unserem Haus wusste man nie, was einen erwartet. Es gab Zeiten, wo wir uns intensiv liebten. Ich wäre gerne eine gute Mutter gewesen, um unseren Kindern Familiensinn zu vermitteln. Es war unmöglich. Meine Antennen waren im Einsatz, wenn ich versuchte, eine Situation zu kontrollieren und dem emotionalen Klima des Augenblicks zuvorzukommen. Ich sage nicht, dass unser gestörtes Familienleben Jahre später der Grund für Phils Drogenabhängigkeit war, aber es war sicherlich einer der Faktoren, die dazu beigetragen haben. Unsere Ehe war zu einer emotionalen Achterbahn geworden. Frank und ich verbrachten oft unsere Sommer getrennt. Immer, wenn er damals wegen der Recherchen für ein weiteres Buch in Italien war, erfrischten mich diese Ruhephasen. Unsere gegenseitigen Liebesbriefe spiegelten unseren Wunsch wider, ein glücklicheres Leben zu haben. Es war leichter, aus der Entfernung Liebe zu empfinden. Während des Sommers 1972, drei Jahre vor unserer Trennung, nahm ich Phil, Dan und Lydia, damals 13, 11 und 9, mit nach Bonnieux im Süden Frankreichs. Phil und Dan waren damals sehr vertraut miteinander. Sie sangen gerne: „He ain't heavy, he's my brother ", wenn Phil Dan auf seinem Rücken trug. Sie kicherten und endeten mit Armdrücken. Phil würde Dan gewinnen lassen.

 Nachdem er sich von seinem Daddy verabschiedet hatte, half mir Phil beim Verhandeln über das Gepäck und beim langen Warten in Marseille. Es hatte einen Streik gegeben, der uns 14 Stunden am Flughafen aufgehalten hat. Alle vier waren wir total aufgeregt über unser Abenteuer. Phil, so voller Lebensenergie und Hoffnung, hatte noch keine Bekanntschaft mit den Dämonen seiner Sucht gemacht. Ich war im Zwiespalt aufgrund der Trennung von Frank und mit drei Kindern alleine in einem fremden Land, doch ich hatte ein starkes Bedürfnis, fort zu gehen. Ich wählte Bonnieux, weil meine Freundin, Jef Majors und ihr Geliebter, Andre, dort lebten. Sie hatte mich ermutigt, zu kommen. Jef, die Ex-Ehefrau eines Physikprofessors an der Case Western Universität, und ihr ehemaliger Ehemann John waren Freunde aus Cleveland. Sie besorgte uns ein kleines Haus im Zentrum des Dorfes, neben einer Bäckerei und einem Antikladen. Jeden Morgen brachten Phil und Dan frische Brötchen mit nach Hause zum Frühstück. Das Haus glich einem oberirdischen Höhlenkeller: dunkel, mit zwei kleinen Schlafzimmern und hinten ein überwucherter, als Dschungel verkleideter Garten. Wir ließen uns in unserem kleinen französischen Zufluchtsort nieder, und täglich schrieb ich Frank.

Die Zeit dort verging langsam, die Kirchenglocken läuteten jede halbe Stunde. Manchmal wunderte ich mich über das, was ich tat und weshalb ich gekommen war. Doch es war eine Befreiung, fort zu sein. Aus der Entfernung schien es so, als sei meine Ehekrise wieder behoben, meine Träume von unserer Liebe lebten durch die Distanz wieder auf. Bonnieux war eine besondere Zeit, in der ich eng mit meinen drei Kindern verbunden und zusammen war. Ich hatte immer noch die Illusion, dass Frank und ich es gemeinsam schaffen könnten.

TEIL I

Lilli und Fritz

Es war sechs Uhr morgens in jenem Sommer 1983. Die Wände meines Schlafzimmers kamen mir immer näher. Ich konnte nicht atmen und hustete stark, so als ob ich mich selbst von dem Gespräch mit meinem Vater am Vorabend befreien wollte. Seine müde Stimme klang resigniert und erschöpft. „Hallo, Lillian. Deine Mutter hat schon wieder das Haus verlassen. Sie ging in ihrem Nachthemd hinaus, und es ist schlimmer mit ihr als je zuvor. Sie sagte mir, sie hasse mich, aber was soll es, ich bin daran gewöhnt." Er hatte noch immer seinen gewohnten deutschen Akzent, aber sprach fließend Englisch. Was sollte ich seiner Meinung nach tun? Als ob er meine Gedanken erraten hätte, sagte er: „Es ist viel schlimmer, aber ich weiß, dass sie bald wieder nach Hause kommt." Erleichtert, nicht nach Bayside fahren zu müssen, sagte ich ihm, dass er mich anrufen solle, wenn er mich brauche und ich kommen solle.

In den letzten zwei Jahren hatte meine Mutter mit einem neuen seltsamen Verhalten begonnen. Sie sang unaufhörlich Worte, die meinen Vater angriffen. Ihr Lieblingslied für ihn: „Rind fie" (Rindvieh) brachte sie zum Lachen. Sie demütigte meinen Vater auf vielerlei Art und bezeichnete ihn sogar als Mülltonne. Sie war mürrisch und zorniger Drache. Sie würde aus dem Haus rennen und einige Stunden später zurückkommen, keiner wusste, wo sie war. Nach einigen Wochen versank sie in Schweigen und sprach kaum. Die Stimmungsschwankungen meiner Mutter verstärkten sich dramatisch. Sie sprach unaufhörlich und trug seltsame Kleidung. Ihre Lieblingskleidung war, zahlreiche Badekappen – vielleicht zehn oder zwölf – an sich mit Sicherheitsnadeln zu befestigen. Eines Tages zog sie einen Badeanzug unter ihrem Kleid an und tanzte herum, während sie sich selbst des Kleides entledigte. Meine Mutter, eine geprüfte Rot-Kreuz-Schwimmlehrerin, parodierte nun ihren Stolz und ihre Freude als Clown. Sie sprach in völlig ungewohnten Lauten, die wir zuvor nie gehört hatten. Ihre Gehässigkeit und ihre unterdrückte Wut brach einfach durch, unzensiert. Hin und wieder zeigte sie eine charmante, mädchenhafte und spontane Unschuld. Hatte sie achtundsechzig Jahre gebraucht, um sich selbst auszudrücken? Nun konnte sie endlich in den seltsamen Schüben ihrer manischen Verwirrtheit sie selbst sein. Mein Vater und meine Schwester behaupteten gerne, alles sei in Ordnung, wenn sie mit ihr zusammen waren, aber mein Vater wurde immer aufgebrachter und oft unbeherrscht. Zu anderen Zeiten mag er sich schuldig gefühlt haben und versuchte, versöhnlich zu sein. Nichts half und ihr Verhalten ihm gegenüber änderte sich nicht. Ihre Hochs und Tiefs waren nervenaufreibend und erschreckend.

„Ich weiß nicht, wie lange ich das noch aushalten kann", sagte mein Vater.

Eines Tages hatte er genug. „Lilli, ich bringe dich zu einem Psychiater", kündigte er meiner Mutter an. Dieses erste Mal hat sie sich nicht geweigert. Wir trafen den Psychiater in der psychiatrischen Notaufnahme des Long Island Jewish Hospital. Meine Mutter hatte mehrere Badekappen an ihrem Kleid befestigt und zog zwei Kappen über ihren Kopf. Sie sang und bewegte ihre Lippen überschwänglich, wie ein entfesseltes Hündchen. Als sie sich dem Arzt näherte, klatschte sie in die Hände und tanzte.

„*Bonjour, mon cheri*", rief sie fröhlich aus. Dann sprach sie weiter in der unbekannten Sprache.

„Lilli, weißt du, wo du bist?", fragte der Arzt. Er war ein großer unattraktiver Mann, der in einer sachlichen, emotionslosen Art sprach. Meine Mutter setzte ihren Charme ein und flirtete ungebührlich. Sie stand nahe bei ihm und antwortete mit einem breiten Kameralächeln: „Ja, natürlich, mon cheri, ich bin im Krankenhaus. Wo glaubst du, sind wir?" Verführerisch wie ich sie noch nie gesehen hatte, tanzte sie herum in schamlosem Chaos und bewegte wild ihre Arme. Ihr Leben, ihre Spontanität, die von strengen deutschen Eltern ausgelöscht worden war, war unterdrückt und kontrolliert worden und hatte eine ängstliche, herbe und unglückliche Frau aus ihr gemacht. Jetzt war sie aufgekratzt. Wie traurig, sie so zu sehen, hier in der Nervenklinik für Geistesgestörte. Meine Mutter tanzte zu mir herüber und sagte, laut genug, dass es jeder hören konnte: „Gisela, ich mag den Arzt nicht. Er sieht aus wie ein Teufel." Mein Vater und meine Schwester gerieten in Verlegenheit, aber ich stimmte ihr zu. Ich schlang meinen Arm um sie und flüsterte ihr ins Ohr: „Es ist in Ordnung, meine kleine Mommy."

Dies war das erste und einzige Mal, dass meine Mutter zustimmte, freiwillig in eine Klinik zu gehen. Die Ärzte diagnostizierten „Schizophrenie", eine bipolare Krankheit, damals manische Depression genannt, wurde noch nicht einmal in Erwägung gezogen. Doch sie war offensichtlich manisch. Ich wusste, dass meine Mutter nicht schizophren war, ebenso wie ich einige Jahre später wusste, dass der Schizophrenie-Anfall meines Sohnes in direktem Zusammenhang mit 20 LSD- Trips in seinem ersten Semester am College stand. Bei beiden blieb die bipolare Komponente unbehandelt. Meiner Mutter wurden große Dosen von Thorazine gegeben. Es machte sie fertig, so dass sie kaum laufen konnte. Sie wurde verbittert und entseelt. Ihr ganzes Leben lang war meine Mutter empfindlich gegenüber Medikamenten und hatte sich entschlossen, keine zu nehmen. Sie bevorzugte die Naturheilmethode. Ich versuchte, meine Ansichten dem Assistenzarzt der Klinik mitzuteilen, doch meine Worte blieben wirkungslos. Nach einigen Tagen wurde meine Mutter kränker. Sie hatte sich freiwillig in das Krankenhaus einweisen lassen, um

Hilfe zu bekommen. Sie wurde falsch diagnostiziert, überdosiert und hatte schließlich die Nase voll. Sie verweigerte die weitere Behandlung, und mein Vater nahm sie mit nach Hause.

Einige Jahre lang ging es mit der Krankheit meiner Mutter auf und ab. Ihre Manie war durchsetzt von Depressionsanfällen. In diesen Zeiten fühlte ich mich am engsten mit ihr verbunden. Ich ging zu ihrem Zimmer, wo sie im Bett lag. Ich fühlte mich am meisten geliebt in ihren Depressionsphasen, wenn sie verletzlich und emotional war. Als mein Kopf auf ihr ruhte, konnte sie damals weinen. Ich war ihr so nahe, dass ich ihr Herz schlagen hören konnte.

Mein Vater kümmerte sich um sie und versetzte damals den Tee auf Anordnung eines Psychiaters gegen ihren Willen mit Haldol. Für mich bedeutete das, dass meine Mutter kein Mitspracherecht hatte.

Immer noch setzte sie ihre giftigen Angriffe auf meinen Vater fort. Sie wollte mit ihm nichts zu tun haben, wenn sie krank war. Jedem tat mein Vater leid. Ich war wütend über sein abwechselndes Kontrollieren und Bevormunden. Er behandelte sie wie ein abhängiges Kind. Carol unterstützte die Handlungen meines Vaters. Er war der Meister und was er tat, war richtig. Es gab keinen anderen Weg. Das ganze Durcheinander war schmerzlich. Ich fühlte mich nutzlos, blieb fort und übertrug die Verantwortung meiner Schwester, die mit ihnen in diesem Dilemma gefangen war. Hin und wieder war mein Vater voller Hass und quälte meine Mutter. „Du bist ein dummes Arschloch", würde er zu ihr sagen, oder „ich hätte besser Ursula geheiratet. Wie bin ich nur bei dir gelandet?" Es gab andere Zeiten, in denen sie zusammenhielten und von ihrer Liebe zueinander sprachen. Carol, die Mediatorin, hielt sie höchstwahrscheinlich davon ab, sich gegenseitig umzubringen.

Eines Tages verkaufte meine Mutter Toilettenpapier vor einer Kirche, zwei Blocks von ihrem Haus entfernt. „Toilettenpapier, um Ihren Hintern abzuwischen, nur 10 Cents", sang sie so laut sie konnte. Dann, als ob das nicht schon schlimm genug gewesen wäre, wickelte sie sich selbst damit an einen Laternenpfahl und sang stundenlang „Lilli Marlene". Der Pfarrer rief die Polizei, die sie ins Jamaica Krankenhaus in die psychiatrischen Notaufnahme brachte. Mein Vater war an einer Art Grippe erkrankt. Ich war in engem Kontakt mit dem Jamaica-Krankenhaus, und nach einer Woche rief mich ein Psychiater an. „Was sollen wir mit ihr machen? Wir bringen sie irgendwo anders hin, wohin, muss ihr Ehemann bestimmen", sagte er am Telefon. „Wir haben nichts von ihm gehört. Wissen Sie, wo er ist? Können Sie ihn erreichen? Wir müssen ihn erreichen, ansonsten werden wir sie in das staatliche Krankenhaus Creedmoor verlegen." Ich wusste nicht, was vor sich ging. Warum hatte niemand etwas von meinem Vater gehört? Ich wollte, dass meine Mutter in ein privates Krankenhaus verlegt wird. Ich rief meinen Vater an. „Vater, das Krankenhaus muss Mutter verlegen. Sie möchten wissen, was sie mit ihr machen sollen. Wenn keiner Einspruch erhebt, wird sie nach Creedmoor verlegt. Vater, das ist ein staatliches Krankenhaus, bitte lass sie Mutter nicht dorthin bringen." Nach ein paar Momenten höre ich die Stimme meines Vaters, langsam und befreit: „Lass sie nach Creedmoor bringen. Ich kann es nicht länger ertragen. Ich habe die Nase voll. Ich bin am Ende." Er legte auf.

Ich war völlig durcheinander, voller Furcht. Meine Mutter kam nach Creedmoor, und glücklicherweise reagierte sie auf das Lithium. Mein Vater war in der Zwischenzeit ins Long-Island Jewish-Hospital eingeliefert worden. Zuerst übersah der Internist die grippeähnlichen Symptome, und man sagte, er solle sich zu Hause erholen. Drei Wochen später entwickelte mein Vater Osteomyelitis in seiner Wirbelsäule. Meine Eltern hatten diesen Internisten für ihre jährlichen Gesundheitschecks ausgewählt. Sie fühlten sich bei ihm in guten Händen. Doch warum hatte sich der Zustand meines

Vaters durch die Grippe so verschlechtert? Ich glaubte nicht, dass er zu Beginn seiner Symptome richtig behandelt worden war, aber mein Vater hörte nicht auf mich. Er vertraute seinem Arzt. Als ich ihn im Krankenhaus besuchte, waren ihm intravenös starke Dosierungen von Antibiotika gegeben worden. Mein Vater, der niemals zuvor krank gewesen war, sah verletzlich und älter aus, als ich ihn je gesehen hatte.

„Gisela, ich habe solche Schmerzen. Ich war gestern bei einem orthopädischen Chirurgen. Er sagte mir, ich könne nie wieder gehen, wenn meine Wirbelsäule nicht fixiert würde. Deshalb werde ich es machen lassen." Ich war erschrocken und zutiefst besorgt. „Aber, warum so schnell, Vater? Musst du nicht eine zweite Meinung hören? Das ist sehr drastisch. Es ist wichtig, sicher zu sein und nicht die erste Meinung zu akzeptieren." Mein Vater, der selten einen Verantwortlichen in Frage stellte, antwortete: „Ich habe mir meine Meinung gebildet. Ich mag diesen Chirurgen, und ich werde mich seiner Behandlung unterziehen." Er hatte seit dem Zusammenbruch meiner Mutter nicht mehr von ihr gesprochen. Keiner von beiden hatte den anderen erwähnt. Meine Eltern, die 53 Jahre zusammen waren, waren beide in verschiedenen Krankenhäusern.

In dieser Nacht träumte ich, ich befände mich in einem Bus. Am Gang saß eine sehr alte Frau mit tiefen Runzeln, ihre Gehhilfe neben sich. Ein altes Kind, das abhängig von ihrer Nanny mit dem versteinertem Gesicht war. Wie war ihr Leben verlaufen? Hatte sie einst eine Familie? Das alte Frauenkind fummelte herum, um seine abgetragene, fast leere Geldbörse zu öffnen, während seine Betreuerin den Blick starr geradeaus gerichtet hielt. Ich war von dem Schmerz ergriffen, ohne Liebe in den Händen eines Fremden zu sterben.

Ich war schockiert, meinen Vater nach zwölf Stunden Operation zu sehen. Es sollte eine zweite Folgeoperation erforderlich sein.

Stahlstäbe, die in seinen Rücken eingesetzt worden waren, wurden weich. Er lag auf seinem Kopfkissen, und im Alter von 79 Jahren war er nun zu einem eingefallenen alten Mann geworden, der eine tiefe Depression hatte. Er legte seine Hand in die meine und sagte: „Gisela, du hattest Recht, ich hätte auf dich hören sollen." Meinen Vater so zu sehen, war fast unerträglich, aber sich seinen Fehler bewusst zu machen, war eine Tragödie. Meine Schwester kümmerte sich um unsere Eltern, jeden Tag fuhr sie von einem Krankenhaus zum anderen. An dem Tag nach Vaters Operation ging ich nach draußen und konnte nichts anderes tun, als auf dem Bordstein zu sitzen und zu weinen. Ich erinnere mich an alles so gut, alleine in einer Situation, die unerträglich war. Ich war völlig entfremdet von meinen Eltern, die für- einander verloren waren. Da ich geschieden war, wusste ich ein paar Minuten lang nicht, wohin ich gehen sollte. Dieser Augenblick der Verzweiflung verschwand so schnell, wie er über mich gekommen war. Als ich am nächsten Tag wiederkam, sagte mir der Arzt: „Ihr Vater ist furchtbar depressiv, und er sagte mir, dass er sterben möchte. Wir überlegen, ihn auf eine psychiatrische Station zu verlegen." Ich hörte mich selbst sagen: „Sollten Sie es wagen, meinen Vater auf eine psychiatrische Station zu verlegen, werde ich Sie und das Krankenhaus verklagen. Dies ist ein Mann, der mich, meine Mutter und viele Verwandte aus Nazi-Deutschland gerettet hat. Hören Sie mich?" Ich konnte nicht tolerieren, dass meine Eltern in einer psychiatrischen Klinik waren, und deshalb reagierte ich so, anstatt eine praktikable Möglichkeit zu diskutieren, um meinen Vater aus seiner Depression herauszuholen. Mein Vater blieb weitere zehn Tage in seinem Zimmer, dann wurde er entlassen, um in drei Wochen wieder aufgenommen zu werden. Carol übernahm die Verantwortung für seine Pflege. Ich war wütend auf meinen Vater und seine starre Haltung, die, wie ich glaubte, zu seinem körperlichen Zerfall geführt hatte. Seine deutsche Härte nervte mich, und ich war erleichtert nicht in seiner Nähe zu sein. So viel war zwischen uns unausgesprochen geblieben, und ich war erfüllt von Ambivalenz, Schuld und einer Sehnsucht nach einem Vater, der mich so bitterlich enttäuscht hatte.

Mein Vater blieb mutlos. Sicherlich war es vorübergehend. Wie konnten beide Elternteile zur selben Zeit in eine tiefe Depression fallen? Sie konnten auch nicht gegenseitig ihrer beider Dunkelheit erkennen. Ihre Ängste kamen nicht zum Vorschein, bis sie sich in einen Albtraum verwandelten, den nun jeder getrennt durchlebte. Ich konnte nicht ertragen, im Schoß von Psychosen und Krankenhäusern gefangen zu sein. Ich wollte keins von beiden, so blieb ich fern.

Es war am 16. Mai 1986. Ich stand kurz vor dem Abschluss meines psychoanalytischen Einzel- und Gruppentherapie-Trainings. In der Therapielounge im Postgraduate Center in New York wartete ich darauf, meine Gruppe zu leiten. Jemand rief mich: „Telefon für dich, Lillian." Ich nahm den Hörer ab und hörte Carols Stimme: „Lillian." Langes Schweigen, dann: „Papi ist tot. Er hat sich umgebracht."

Was tat ich noch hier? Ich führte mein eigenes Leben, während meine Schwester Zeuge eines Selbstmords war? „Ich komme", sagte ich, „ich komme so schnell wie möglich."

Meinem Vater war es gelungen, die Kellertreppe hinunterzugehen und sich zu erhängen, während meine Schwester einkaufen war. „Carol, du kannst nichts dafür, es ist nicht deine Schuld", sagte ich immer wieder zu ihr. Zwei Tage zuvor hatte ich Dans Anruf verpasst, nachdem er seinen Großvater besucht hatte. „Mutter, Opa bat mich, ihm ein Gewehr zu geben. Er will sterben." Ich ignorierte es, und meine Nachlässigkeit verfolgt mich bis heute. Es erschien so, als ob meine unausgesprochene Botschaft an meinen Vater gelautet hätte: „Du verdienst zu sterben, weil du nicht fähig warst, Autorität in Frage zu stellen." Ich empfand Verachtung für die Passivität, für die er stand. Jedoch blieb auch ich passiv und konnte die Entscheidungen meines Vaters selbst nicht effektiver hinterfragen.

In Bayside ging ich nach unten in den Keller, wo mein Vater lag, sein Gesicht war sanft und völlig entspannt. Er sah so aus, wie ich ihn kannte, nicht voller Schmerz: ein junger Fritz, mein deutscher Vater, mein Erbe. Er hatte sich selbst von seiner Bürde befreit. Ich setzte mich auf den Kellerboden neben ihn und weinte. Ich wünschte, ich hätte ihn öfter gesehen. Ich wünschte, ich hätte mich von ihm verabschieden können. Ich erinnere mich an seine Worte, die er mir in den Jahren so oft gesagt hatte: „Wenn ich jemals so krank sein sollte, dass ich zu einer Last werde, werde ich mich selbst umbringen." Und genau das tat er.

Hätte ich seinen Selbstmord verhindern können? Ich war besessen von der Frage. Aber wie hätte ich ihn verhindern können? Mit Gewalt? Hätte ich die Depressionen meines Vaters im Krankenhaus behandeln lassen und ihn in eine psychiatrische Abteilung verlegen lassen sollen? Warum war ich so unbeteiligt? Konnte ich das jemals meiner Schwester wiedergutmachen? Eine Familie im Chaos ist das, was von der Hoffnung auf ein besseres Leben geblieben ist.

Meine Mutter war immer noch in Creedmoor. Seit dem Tag, an dem sie von der Polizei vor der Kirche so viele Monate zuvor aufgegriffen wurde, hatte sie meinen Vater nicht mehr gesehen. Nachdem Carol und ich auf ihrer Station angekommen waren, um sie über die Krankheit unseres Vaters und den daraus folgenden Selbstmord zu unterrichten, setzten wir uns und hielten ihre Hände. Sie war so klein und verletzlich in dieser gotterbärmlichen Station in Creedmoor. Meine Mutter saß einen Moment ruhig da, dann sagte sie: „Fritz ist gestorben, nicht wahr?" Sie weinte, als wir sie in unseren Armen hielten. Sie wusste es. „Fritz hätte sich Sorgen um mich gemacht, er hätte mich besucht" sagte sie.

Wir hatten eine einfache Beerdigungszeremonie auf dem Wellwood-Friedhof. Neben der Familie kamen eine Handvoll Freunde und auch Frank, der meinen Vater liebte. Ich verstehe nicht, weshalb ich Lydia ermutigte, von der Beerdigungszeremonie meines Vaters fernzubleiben. Sie hatte gerade ihre letzten Examen abgelegt, dann ein Studium an der Universität von Wisconsin begonnen. Habe ich versucht, sie abzuschirmen? Ich erinnere mich an die Beerdigung meiner Großmutter, an der ich nicht teilnehmen durfte. Ich wünschte, ich hätte Lydia ermutigt, nach Hause zu kommen.

Meine Mutter, von einer Betreuerin begleitet, sah elegant aus und würdevoll. Sie hatte das Kleid an, das meine Großmutter für sie so viele Jahre zuvor gehäkelt hatte, und eine kleine Halskette mit Diamanten, die mein Vater ihr zu ihrem fünfundzwanzigsten Geburtstag geschenkt hatte. Wie stolz ich heute auf sie war. Ihr Gesicht war feierlich, gefasst und äußerst hübsch. Eine Woche später wurde sie aus Creedmoor entlassen und lebte mit Carol vier weitere Jahre, mit Lithium gut stabilisiert. Dass meine Mutter einige Wochen mit mir in meiner Wohnung am Riverside Drive bleiben konnte, war für uns wundervoll. Es war das erste Mal, dass wir alleine zusammen waren, und es war eine wunderschöne und heilende Zeit.

Einige Monate später starb Lillian an einem schweren Schlaganfall. Ich hatte mit ihr am Telefon noch eine Stunde zuvor gesprochen und versprochen, sie an diesem Wochenende zu besuchen.

TEIL I

Philip

Im Sommer 1988 erhielt ich einen Anruf von Philip: „Mutter, ich trete zum Katholizismus über. Die Messe findet am 9. September statt. Ich möchte, dass du kommst. Es wird in der Saint Anthonys Kirche stattfinden. Pater Pat Doyle war ein Studienkollege von mir. Ein wundervoller Mann, Mutter. Ich möchte, dass du ihn kennenlernst."
Phil hatte oft die Messe in der St. Antonys Kirche besucht, eine Kirche, die er liebte, in der Nachbarschaft seines Greenwich Village-Studios auf der Sullivan Straße in Soho. Phil war zirka 1,80 m groß, schlank, sein Gesicht ausdrucksvoll und sensibel. Er war gut rasiert, obwohl er gelegentlich einen Vollbart wachsen ließ, der sein attraktives Gesicht unterstrich. Ich liebte seine wunderschönen braunen Augen und die Art, wie sein Mund sich zu einem Lächeln verzog, wenn er mich grüßte. Ich hätte niemals gedacht, dass er konvertieren würde. Das muss ihm etwas geben, dachte ich. Er war aufgeregt und glücklich. Ich war mir bewusst, wie genau meine Antennen den Klang seiner Stimme trotz acht Jahren des Entzugs einschätzten. Ich spürte immer, wenn er „high" war. „Mir geht es gut, Mutter. Streich das Datum in deinem Kalender an. Der Katholizismus bringt mich näher zu Gott. Muss jetzt gehen. Melde mich bald. Ich liebe dich." Im nächsten Moment war er fort.
Ich dachte wieder daran, dass Philip sich beklagt hatte, dass es in unserem Haus kein spirituelles Leben gäbe. Natürlich hatte er Recht. Frank und ich ließen unser jüdisches Erbe hinter uns und wandten uns der Politik zu. Konnte es dieser „Mangel" in unserer Familie sein, der zur Drogenabhängigkeit Philips beigetragen hat? Wie leicht war es, mich selbst, Frank, unsere Politik, unsere Eheprobleme dafür verantwortlich zu machen. Vielleicht ein Schuld-

komplex von Eltern mit Problemkindern. Jedoch was hatte ich für Wurzeln? Ich war vor meiner Flüchtlingserfahrung, vor meinen deutschen und mehr noch vor meinen jüdischen Wurzeln davongelaufen. Jetzt spielte das alles keine Rolle. Nur Phils Wohlergehen war wichtig.

So, da war ich, am 9. September, und wohnte der heiligen Messe in der St. Anthonys Kirche bei. Ich begrüßte Lisa, seine langjährige Freundin, mit einer Umarmung und setzte mich neben sie auf die Kirchenbank. Andere Familienmitglieder waren nicht anwesend. Dan und Lydia dachten, Phils religiöse Besessenheit sei mehr ein Zeichen seiner Labilität. Ich wusste, dass Phil auf dem Weg der Besserung war nach seiner langen Drogenreise und der Psychose, die ihm 20 LSD-Trips im ersten Collegejahr gebracht hatten. Ich musste dankbar sein für acht Jahre der Drogenenthaltsamkeit. Ich ließ mich ein in die feierliche Stimmung und beobachtete den attraktiven jungen Geistlichen, Pater Doyle, der den Gang hinunterging. Vier junge Männer und eine Frau, gehüllt in weiße Gewänder, zogen hinter ihm her. Sie trugen Kerzen, als sie langsam auf den Altar zuschritten. Die dunkle Kirche reflektierte die Silhouetten des Kerzenscheins. Pater Doyle schwenkte zwei Weihrauchkessel, einen in jeder Hand. Er schwenkte die Arme hinauf, herunter und herum. Ein Augenblick des Friedens entwickelte sich in mir im abgeschotteten Kokon der Kirche, Phils Kirche. Mein Sohn strahlte stolz. Unsere Augen trafen sich, unsere Gesichter waren weich. In diesem Augenblick glich Phil so sehr meinem Vater, und ich erinnerte mich, dass Phil der Sohn einer deutsch-jüdischen Mutter war, die mit ihren Eltern aus Nazi-Deutschland geflohen war. Was machte es, wie Phil Trost fand? Was machte es, welche Religion Phil praktizierte oder nicht praktizierte oder die Juden des Nazi-Deutschlands? Jene, die nicht entkommen konnten, wurden ermordet. Dasselbe galt für die Palästinenser in Gaza, die während der

TEIL I

Operation Gegossenes Blei im Jahr 2008 zwei Wochen der ununterbrochenen Bombardierung nicht entfliehen konnten.

Ich komme zurück zum August 1989. Phil war drogenfrei, soweit ich wusste. Ich sehnte mich nach einem Weg zum spirituellen Teil von mir, der nie durch eine organisierte Religion kultiviert worden war. Ich war ausgelaugt und deprimiert von den Aufs und Abs von Phils Abhängigkeit. Der Selbstmord meines Vaters und der Tod meiner Mutter hatten so viel Zeit meines Lebens und meiner Energie gekostet. Lydia und Dan litten. Ihre Geschichte wird auf eine andere Zeit verschoben. Es ist immer noch so schwer für mich, die Schuldkomplexe vollkommen abzulegen, denn ich wäre gerne so viel mehr Mutter für sie gewesen.

Ich entschied mich, einen „heilenden" Ausflug zu unternehmen und schloss mich einer Gruppe Wanderer an, um in Nordindien am Himalaya zu wandern. Ein Interesse am Buddhismus kam auf, als ich die hohen Pässe hinaufwanderte. In Leh, der Hauptstadt von Ladakh, war ich hocherfreut, auf einem Berg 3700 m über dem Meeresspiegel zu sitzen. Die umgebende Mondlandschaft schien unwirklich. Regenbögen über den Bergen schufen eine starke Schönheit, wie ich sie noch nie gesehen hatte. Bergpässe mit hohem Schnee verziert, kombiniert mit Luft, so dünn und leicht, zeugten von einer anderen Weltlichkeit, und jeder Atemzug erfüllte mich mit Klarheit und Hoffnung. Ich ging durch die Felsen, durch das herrliche Gebiet entlang des Gebirgsrandes und wurde von Emotionen überwältigt. Die Wolken waren so nah, dass ich sie berühren konnte. Ich stand auf dieser unbekannten Erde, wo Schatten das Sonnenlicht über Berggipfel jagten, und sog die Klarheit der Luft ein, die mich reinigte. In dieser beeindruckenden felsigen fremden Welt mit einer Gruppe von sechs anderen und unseren Führern bewegten wir uns langsam auf den höchsten Pass zu. Ich würde höchstwahrscheinlich den 4877 m hohen Pass Matho La erreichen.

Wie spektakulär, ich war stolz auf meine Leistung.

Wir zelteten über Nacht in 4570 m Höhe, und trotz Kopfschmerzen hielt Diamox die Höhenkrankheit auf einem Minimum. Wir schlugen unsere Zelte auf neben einer Matho-Familie, acht Kindern, Schafen und Ziegen. Sie waren Nomaden und lebten während der Sommermonate in steinernen Behausungen. Zehn Menschen schliefen zusammen auf einem schmutzigen Fliesenboden. Wie charmant sie waren, graziös und freundlich, da wir mit unseren Augen und Herzen sprachen. Schranken und Unterschiede schmolzen dahin, denn wir waren einander mit Interesse, Neugier und Freude begegnet. Ich denke immer noch an sie. Ich habe immer diese offene, interessierte Neugier gespürt, wenn ich glücklich genug war, in einer neuen und anderen Kultur zu sein. Genauso würde ich bei meinem ersten Besuch in Israel/Palästina fühlen, wo ich sowohl Israelis als auch Palästinenser treffen würde.

Ich fühlte eine unerklärliche spirituelle Verbindung mit Ladakh und den umgebenden Klöstern. Hier war es, wo ich zum ersten Mal Hunderten von Windpferden begegnet bin. Rote, grüne, weiße, blaue und gelbe kleine Gebetsfahnen flatterten durch die Landschaft. Sie waren überall. Das mystische Windpferd bewohnt jede einzelne Flagge. Diese tibetanische Kreatur soll die Geschwindigkeit des Windes mit der Stärke eines Pferdes kombinieren. In der tibetanischen Mythologie werden Windpferde von allen Menschen auf der Suche nach Veränderung und Glück oder Heilung angerufen. Ich sah mich selbst auf dem Rücken des Windpferdes, auf der Suche nach Veränderung und einem spirituellen Kontakt mit meinen eigenen Vorfahren. Dies erfüllte sich durch Meditation, wo ich den Geist der Einheit mit dem Universum kennenlernte. Ich liebte weiterhin die kleinen Flaggen, die der Wind liebkoste, als sie verschmitzt durch den Himmel tanzten. Bis heute schmücken sie den Eingang meines Blockhauses und erfüllen mich mit Freude.

Philip begann, im Alter von 16 Jahren Drogen zu nehmen, und schaffte sein erstes Jahr am College nicht. Stattdessen nahm er LSD und veränderte sich. „Ich bin der Messias, Mutter." Er hatte Jesus gefunden. Er fand auch die „Wiedergeborenen Christen", oder vielmehr fanden sie ihn. Dies widersprach meiner Philosophie, meinen Wurzeln als deutsche Jüdin, und ich konnte kaum etwas anderes als Abscheu empfinden. Doch ich war entschlossen, respektvoll zu bleiben und zu schweigen, weil Phil von ihnen fasziniert war. Die Wiedergeborenen hatten die Hand nach Phil ausgestreckt und ihn in ihren Kreis gezogen. Sie boten ihm Schutz und Jesus für die Verletzlichen.

Ich wollte, dass Phil einen Psychiater aufsuchte, doch er weigerte sich heftig. Die Wiedergeborenen sagten, er könne durch den Glauben gerettet werden. Das hallte nach. Phil ging auf einem schmalen Grat zwischen Wahnsinn und Wirklichkeit, und für jetzt entschied er sich, mit ihnen zu gehen. Eine Zeitlang fand er sogar Trost. Als er mit ihnen einige Wochen unterwegs war, um zu missionieren, wurde Phils religiöse Obsession mit Jesus zum Mittelpunkt seines Lebens und blieb es auch bis zu seinem Tod. Er las das Neue Testament und bettelte, dass ich es auch tun solle, was ich tat. Wir lasen die Ausgabe der „King James Edition" einander vor, und ich sah, wie sich sein Gesicht entspannte. Heimgesucht von einem Gefühl des Versagens, klammerte ich mich immer noch an die zeitweisen Retter von Phil, die ihm eine kurze Zeit lang Trost gespendet hatten. Letztendlich war es nicht mehr wichtig, wie er Trost fand. Als Phil begann, ein Kreuz an einer Kette um den Hals zu tragen, wusste ich, dass es ihm etwas bedeutete. Das war alles, was für mich zählte.

Es war die Aufgabe der „Wiedergeborenen", „verlorene Seelen" zu sammeln, um sie bekehren. Phil hielt es nicht lange durch. Anscheinend selbst für sie zu verrückt, kam er nach Hause zurück und fiel in einen weiteren tiefen Abgrund. Seine erste Einlieferung ins Krankenhaus war im Jahre 1981. Er war einundzwanzig.

„Ich bin bereit, ins Krankenhaus zu gehen, Mutter", verkündete Phil eines Morgens im Juli. Ich hatte seit Wochen gedrängelt und gedrängt. „Phil, ich bin so froh, lass uns fahren." Ich lächelte voller Erleichterung. Nun würde Phil endlich Hilfe bekommen. Bald danach gingen wir zusammen zu der psychiatrischen Notaufnahme im St. Vincents Hospital. Der Ort war chaotisch. Wir meldeten uns an und setzten uns. Es schien, als sei es für immer, als ich Phil beobachtete, wie er mit dem silbernen Kreuz und der Kette spielte. Er hielt es in seiner Hand, ließ es vor seinen Augen baumeln und starrte in den Raum. Mir wurde übel. Endlich kam die Schwester und streckte Phil ihre Hand entgegen. „Bete für mich, Mutter, bete zu Jesus", sagte er, als er in den Raum geführt wurde, wo man ihn untersuchte. Einen Augenblick später überkamen mich leichte Kopfschmerzen. Mein Herz schlug so heftig. Ich schnappte mir einen Abfalleimer und begann zu würgen. Ich fragte mich, ob ich gerade einen Herzanfall erlitt. Würde ich an diesem grauenvollen Ort sterben? Mein Magen rebellierte heftig, und ich musste mich danach direkt auf den Boden setzen. Müdigkeit überkam mich. Ich stand auf nach drei tiefen Yoga-Atmungen. Wie konnte es nur so weit kommen? Mein Sohn, vollkommen verloren und zu Jesus betend? Fand er Trost? Er war der Sohn einer deutschen Jüdin, eines Flüchtlings. Ich fand ein Telefon und rief Frank an: „Phil ist in der Notaufnahme in St. Vincents. Kannst du kommen?"

Frank, inzwischen wieder verheiratet, kam, und ich war dankbar, nicht alleine zu sein. Unser Sohn wurde im psychiatrischen Pavillon aufgenommen. Als ich an diesem Nachmittag die Station betrat, kam der Assistenzarzt und führte mich direkt in sein Büro. Frank ging nicht mit mir. Vielleicht war er zu aufgeregt. Ich saß dem Arzt gegenüber und versuchte meine Nervosität zu verbergen. Ich starrte in sein Gesicht. Er ist so jung, ich könnte seine Mutter sein, dachte ich. „Sehen Sie, Ihr Sohn ist sehr krank", begann der Arzt. Seine

Stimme durchbrach meine Gedanken. „Wir glauben, er ist paranoid schizophren, und werden beginnen, ihn mit Neuroleptika zu behandeln. Er meint, jeder sei hinter ihm her, und glaubt, dass Gott zu ihm spricht." Ich saß einen Moment lang da, skeptisch, dann antwortete ich: „In unserer Familie gibt es keine Schizophrenie, aber es gibt eine bipolare Störung auf Seiten meiner Mutter und ich denke auch auf Seiten meines Vaters. Sie sollten wissen, dass Phils Obsession mit Gott begann, als er letztes Jahr auf dem College Acid nahm. Er nahm mindestens 20 Trips. Da begann er, verrückt zu werden." Wusste der Arzt nicht, dass das Konsumieren von LSD eine paranoide schizophrene Reaktion herbeiführen kann? Das hatte Timothy Learys Forschung bewiesen. Ich hatte das alles gelesen – und noch mehr.

Ich fuhr fort: „Phil war immer sozial eingestellt und hatte Beziehungen zu anderen Menschen. Drogen änderten all das. Hören Sie, bitte hören Sie mir zu, mein Sohn ist nicht schizophren." Ich fühlte, dass mich Emotionen überkamen. Ich musste mich zusammenreißen. Der überforderte junge Assistenzarzt fuhr fort: „Ich bin im Süden aufgewachsen und musste mich von fanatischen Religionen fernhalten. Ziemlich offen gesagt, die seltsame Obsession Ihres Sohnes mit Jesus ist erschreckend." Hörte ich dies wirklich von dem Arzt, der meinen Sohn behandeln sollte? War er sowohl ignorant als auch naiv? „Aber Sie sind der Arzt. Haben Sie noch nie religiöse Wahnvorstellungen zu Gesicht bekommen? Sie sind Teil eines akuten psychotischen Zusammenbruchs." Ich hoffte, er würde etwas sagen, um Vertrauen zu schaffen. Zumindest war Phil sicher im Krankenhaus, und ich hoffte, dass noch andere Psychiater involviert wären. Der Arzt sagte, ich solle für den Rest des Tages nach Hause gehen und morgen wiederkommen.

Ich verließ wütend die Station und fand Frank draußen. Ich sah seine traurigen Augen und seinen angespannten Mund. Ich schlang meine Arme um ihn und fand für einen Augenblick Geborgenheit.

Ich war unglaublich traurig und wusste auch, dass Phils Krankheit seinem Vater großen Kummer verursachte. Ich war erleichtert, dass Phil nun Hilfe erhalten würde.

Am nächsten Tag kam ich in die Station und war schockiert. Über Nacht hatte sich Phils Gangart in ein Latschen verändert, sein Hals und sein Kopf waren nach hinten gestreckt. Er konnte seinen Kopf nicht gerade halten. Sie mussten ihn mit Medikamenten vollgepumpt haben. Meine schlimmsten Befürchtungen wurden wahr. Ich stürmte auf die Schwesternstation. „Hat keiner hier bemerkt, dass mein Sohn zu viele Medikamente erhalten hat? Er sollte nicht herumlaufen mit ausgestrecktem Hals und seinem nach hinten gebogenen Kopf!" Niemand reagierte, als ich inständig darum bat, sie sollen ihn sich anzusehen. Mir wurde einfach gesagt, ich solle mir keine Sorgen machen. Phil nahm meine Hand und zog mich mit hinunter in die Halle. Was für ein bemitleidenswertes Bild wir beide abgegeben haben müssen. Wir kamen zu einem Klosett, und Phil öffnete die Tür und sagte mir: „Jesus hat mich in das Klosett gerufen, er sprach zu mir von der Decke aus." Er starrte an die Decke, während ich bei ihm blieb. Es war ein furchtbarer Augenblick.

Phils flagrante, seltsame, wilde Psychose verschwand so dramatisch, wie sie gekommen war. Die Medikamente waren eingestellt und die religiöse Versunkenheit hörten auf. Er fühlte sich innerhalb einer Woche besser. Entgegen unseres Rats ließ Phil sich auf eigene Verantwortung entlassen. Wir wussten, dass er noch nicht so weit war, aber er fühlte sich gut, wie er sagte, und er hatte die Nase voll vom Krankenhaus. Er war 21, und niemand konnte ihn aufhalten. Ein paar Wochen lang blieb er bei seiner Medikation, aber dann weigerte er sich, sie weiter zu nehmen. Es gab kein Nachsorgeprotokoll, weil er gegen ärztlichen Rat die Klinik verlassen hatte. Diese Entscheidung führte zu einem Zyklus von weiteren Krankenhausaufenthalten. Mit jeder erneuten Aufnahme dauerte es länger für ihn, aus der Psychose herauszukommen. Er wurde ein zweites Mal in St. Vincents aufgenommen und einige Monate später im Roosevelt Hospital. Die Menschen versuchten, ihm zu einer Therapie zu verhelfen, jedoch ohne Erfolg. Philip wollte nichts davon wissen. Es waren dunkle Zeiten, denn er wurde immer seltsamer. Weder sein Vater noch ich wussten, was zu tun war. Er jagte mir Angst ein, als er auf seinem Höllentrip war.

Phils Stimmungen waren sprunghaft, und er litt oft unter Wahnvorstellungen. Am 16. Mai 1981 kam er und verkündete: „Mutter, ich war in der ‚Tavern on the Green' und sagte den Menschen, die dort saßen, ich würde alle Nazis erschießen. Die Nazis warfen mich heraus." Ich rief seinen Vater, und kurz darauf kam er. Phil saß mit versteinerter Miene auf der Couch. Um diesen furchtbaren Augenblick zu entkräften, rief ich zu Frank: „Er will Hilfe, Gott sei Dank!" Ich saß neben Phil. Sein Gesicht war leer, verloren. Es war alles so pathetisch. Ich konnte meinen Sohn in ihm nicht wiederfinden. Es hatte mich Monate voller Gewissensbisse gekostet, zu realisieren, dass ich keine andere Wahl hatte, als Phil zwangseinweisen zu lassen. Frank hatte mir geholfen, dies zu akzeptieren. Es war schrecklich, sich vorzustellen, dass Phil nun zur Psychiatrie verdammt war, wo er niemals herauskommen konnte. Ich hatte wenig Vertrauen in die Behandlung psychischer Krankheiten. Ich hatte zu viele Fehler gesehen, aber nun hatten wir keine Wahl. Phil war bereit, mit Frank in ein Taxi einzusteigen. „Wir werden für dich Hilfe finden", sagte Frank behutsam. Einen Moment lang setzte Phil Vertrauen in seinen Vater. Ich hatte Frank gebeten, ohne mich mit ihm zu fahren. Ich wollte nicht mit der Vorstellung konfrontiert werden, meinen Sohn im Bellevue zu lassen. Ich hasste das Bellevue. Durch diese verschlossenen Türen zu treten, bedeutete für mich, die Pforten zur Hölle und Hoffnungslosigkeit zu betreten. Ich dachte, dass nur die ärmsten, heimatlosen oder verbrecherisch kranken und verlorenen

Seelen im Bellevue eingeliefert würden. Aber doch nicht mein Sohn. Später erfuhr ich, dass die Fahrt zum Bellevue ein Albtraum war. Phil hatte gekämpft, um aus dem Taxi herauszukommen und Frank gebissen. Es war ein heftiger Kampf. Als Frank mich später anrief, war er völlig außer sich. „Ich habe Phil in der Notaufnahme gelassen. Er wird aufgenommen werden", sagte er mir. Der Hörer klickte, und ich war allein. Ich quälte mich wegen Phils verlorener Freiheit, der Schlangengrubenmisere des Bellevues, der Unsensibilität des überlasteten Personals, der ungelernten und misshandelnden Hilfen, der körperlichen Hässlichkeit und wegen des Schmutzes. Ich schlief unruhig in dieser Nacht, da Dämonen meine Träume beherrschten. Ich vermutete, Phil würde aus der Notaufnahme innerhalb kurzer Zeit in die psychiatrische Abteilung verlegt werden.

Am nächsten Morgen erhielt ich einen Anruf meiner Nachbarin, Lucinda. Eine examinierte Krankenschwester, die zum Glück an dem Tag, als Phil aufgenommen wurde, Nachtschicht in der Notaufnahme von Bellevue hatte: „Lillian, du glaubst nicht, wen ich letzte Nacht gesehen habe. Was für eine Überraschung, als ich Phil an einen Rollstuhl gebunden sah. Er verbrachte dort die Nacht. Es tut mir so leid für ihn." Alles, was ich hören konnte, war, „an einen Rollstuhl gebunden".

„Bitte sag mir, was du weißt, Lucinda", bettelte ich.

„Oh, Lillian", fuhr sie fort, „er versuchte zu entkommen und das Personal drohten ihm mit einer Spritze vor seinen Augen, wenn er nicht still sitzen würde." Mein Verstand spielte verrückt. Ich hatte einen plötzlichen Gedanken, dass Phil das dunkelste Chaos seiner Krankheit durchleben musste, ohne von seinen Eltern aufgefangen zu werden. Vielleicht würde er nur dann zur Heilung motiviert. Auf diese Weise versuchte ich mit den Informationen meiner Nachbarin zurechtzukommen. Was ich wirklich dachte, war: „Nein! Das ist keine Art, ein menschliches Wesen zu behandeln. Das ist degradierend, ein Anschlag auf den Geist und die menschliche Würde."

Phil musste zu dieser Zeit starke Medikamente erhalten haben. Er erzählte mir später, dass er sich daran nicht erinnern kann. Es dauerte drei Tage, bevor ich den Mut fand, ihn zu besuchen. Ich glaube, ich musste mich ausklinken, um meine Stärke wieder zu erlangen. Ich bat Lydia, die nun siebzehn Jahre alt war, mich zu begleiten, und sie war dazu bereit. Dan blieb fern. Phils Verrücktheit hat ihn immer erschreckt. Er hatte mit seinen eigenen Problemen genug zu tun.

Lydias Gegenwart gab mir Kraft und Mut. Als wir durch das graue Labyrinth von Korridoren gingen, schlug mein Herz im Takt unserer Schritte. Wir betraten einen riesigen Tagesraum mit vergitterten Fenstern, Stahltischen und billigen Stühlen. Aschfahle Gesichter liefen dort herum. Grelle Oberlichter unterstrichen die sterile Kälte der Umgebung.

Wir sahen Phil, der mit großen Schritten auf uns zuging. Er sah wild aus, aber als fühle er sich völlig daheim und bequem mit seinen nackten Füßen in Krankenhaus-Flip-Flops, seiner zerzausten Kleidung und seinem glanzlosen Haar. Er begrüßte uns, als ob er der Hausherr sei. Er ging auf und ab, mit vertrauensvoller Miene, als er mit den anderen Verlorenen in dem Meer der Hoffnungslosigkeit sprach. Ich kam kurz in Kontakt mit einer Mutter, so als ob ich mich vergewissern wollte, dass dies die Wirklichkeit war und nicht nur eine Szene aus einem der Höllenkreise. Ihr Sohn war ein Wunderkind, ein Julliard-Absolvent und Konzertpianist. Sie erschien mir alt und verwittert, ihr Gesicht erfüllt von einer unbeschreiblichen Traurigkeit. Inzwischen huschte Phil durch diesen gotterbärmlichen Tagesraum mit unwirklichen kotzgelben Wänden. Doch er lächelte sein charmantes Lächeln. Ich konnte sehen, dass er nicht litt, aber ich. Was ist das für eine Welt, wunderte ich mich. Wie ist es so weit gekommen? Wer ist er? Wer bin ich? Wer ist verrückt? Wenn es einen Gott gibt, bitte, dann hilf mir! Phils Aufnahme ins Bellevue war ein weiterer Abstieg ins Chaos, aber es war auch der Beginn eines qualvollen Wegs in Richtung einer zehnjährigen Erholungsphase und einer Zeit, in der Phil frei von Drogen blieb. Am allerbesten war, dass Dr. Kirshenbaum, ein Psychiater, zugestimmt hatte, Phil zu untersuchen, und gekommen war, nachdem ich ihm die furchtbare Nachricht am Telefon mitgeteilt hatte. Er arrangierte, die Verlegung Phils in ein anderes Krankenhaus. Am 12. Juni 1982 kam Phil ins New York Hospital, wo er sechs Monate lang blieb. In der Zeit zwischen 1970 und Phils Aufnahme in „Bloomingdales", wie das psychiatrische Krankenhaus genannt wurde, entschied ich, dass ich nicht länger in der Krankenpflege arbeiten und auch nicht länger in einem Krankenhaus arbeiten wollte. Ich war in Therapie seit den frühen Siebzigern, als meine Ehe zu zerbrechen begann, und das Interesse meines Therapeuten an mir gab den Anstoß, ein Studium der Sozialarbeit zu beginnen. Ich hatte das Ziel, Psychoanalyse zu praktizieren. Ich bin überzeugt, dass der Druck des Studiums mir half, emotional zu überleben, und das Chaos meines Lebens erleichterte. Nach dem Studiensemester arbeitete ich in der Kinderfürsorge und teilweise in einer psychiatrischen Kurklinik. 1981 wurde ich in einem analytischen Trainingsinstitut angenommen und begann ein psychoanalytisches Training, kombiniert mit einer persönlichen Psychoanalyse an drei Tagen pro Woche. Trotz Scheidung, Phils Gesundheitszustands und seines Zusammenbruchs und der Probleme in der Erziehung von Dan und Lydia als Teenager, war ich fähig, meine Ausbildung durchzuziehen, wobei ich letztendlich hoffte, mich zu heilen.

Phil blieb fünf Monate lang psychotisch. Der Sozialarbeiter sprach von einer möglichen Überführung ins Manhattan State

Teil I

Hospital, weil sie nicht wussten, ob Phil aus seiner Psychose herauskommen würde. Ich konnte nichts Erschreckenderes hören. Ich musste einen Weg finden, um seinen Aufenthalt zu verlängern. Instinktiv fühlte ich, dass es ihm besser gehen würde, aber er mehr Zeit dazu bräuchte. Sie gaben ihm weitere vier Wochen. Dann, ziemlich spontan, kam Phil aus seiner Psychose und tauchte in diese dunkle Depression, die er sein ganzes Leben hindurch verborgen hatte. Irgendwie, ohne wissenschaftlichen Beweis, fühlte ich, dass er aus dieser Dunkelheit herauskam. Er war auf Stimmungsstabilisierer eingestellt und kämpfte, um sich selbst wiederzufinden. Medikationen holten ihn aus der Psychose, aber es war ein langer, qualvoller Kampf. Glücklicherweise war Frank in dieser Zeit abwesend, da er eine Lehrverpflichtung in Bologna angenommen hatte. Ich versprach, ihn auf dem Laufenden zu halten, und fühlte, dass ich besser alleine zurechtkäme. Ich betreute meinen Sohn in einer furchtbaren Zeit, in der Phil Elektrizität aus den Ausgüssen kommen sah und wie ein Zombi mit den anderen Zombis zu einem gemeinsamen Spaziergang herumschlurfte. Thorazine war die ausgewählte Medikation in den Siebzigern. An jedem Samstag, wenn ich Phil besuchte, bettelte er, dass ich ihn dort heraushole. Es war erschütternd, und ich fürchtete, er würde psychotisch bleiben. Mit Hilfe des sozialen Dienstes bei der Aufnahme war Phil fähig, Medicaid-Leistungen zu erhalten, die für das Krankenhaus 10 000 US Dollar pro Monat bezahlte. Ohne Medicaid und SSL wäre Phil vom Bellevue ins Manhattan State verlegt worden, denn wir hätten die Kosten nicht zahlen können.

Eines Nachmittags saßen wir im Tagesraum zusammen. Ich hatte Phils Lieblingssandwich mitgebracht, Roastbeef gerollt, mit russischem Dressing. Es gab eine dramatische Besserung. Vielleicht war es der Stimmungsstabilisierer oder nur der Heilungsprozess und die Zeit. Phil träumte einmal mehr davon, wieder frei in Wind und Sonnenlicht zu sein, und als er sprach, strahlte sein Gesicht vor Freude. Ja, mein Phil war zurückgekehrt, ein wahres Wunder. Leider wurden seine Abhängigkeitsprobleme nie angesprochen, aber damals schien es zu genügen, dass er von dem Wahnsinn kuriert und entschlossen war, sich von allen Drogen fernzuhalten. Ich hatte nach einem sicheren Zufluchtsort gesucht, wo Phil seine Genesung fortsetzen konnte. Wir erhielten die Erlaubnis, Gould Farm in Massachusetts zu besuchen, eine Residenz für die Nachsorge nach einem Krankenhausaufenthalt. Phil hatte ein Gespräch, und wir sahen uns dort um. Dass ich meine eigenen Entscheidungen im Hinblick auf Phils Nachsorge treffen konnte, machte den Übergang leichter. Phil wurde entlastet und ihm wurde erlaubt, auf der Gould Farm zu leben, wo er sechs Monate lang bleiben sollte. Er wurde nach und nach von der Medikation entwöhnt. Phil genas, aber langsam, viele Jahre lang. Er war nicht ohne Dämonen, aber er kämpfte. Ich glaube, er nahm an „Narcotic Anonymous"-Treffen eine Weile lang teil, war jedoch nicht davon begeistert. Ich wusste, dass dies etwas war, was nur von ihm selbst kommen konnte, und hielt mich heraus.

Phil brauchte keinen weiteren Krankenhausaufenthalt und blieb drogenfrei, soweit ich weiß, fast neun Jahre lang. Dann änderte sich alles.

TEIL I

Die Küche

Es war 1991. Der Frühling kam als Vorbote des Sommers, als der Blütenduft und eine Brise vom Fluss wieder einmal durch das offene Fenster meines Riverside Drive Appartements strömte. Wie glücklich ich mich an diesem Morgen gefühlt hatte. Ich fuhr mit meinem Fahrrad zum Battery Park, entlang des Hudson Rivers. In der Nähe des Platzes, wo ich meine Übungen praktizierte, am Pier der 23. Straße, hatte ich meinen Helm abgenommen, um den Wind mit meinem silbernen taillenlangen geflochtenen Haar spielen zu lassen.

Ich trat in die Pedale und fuhr mit Höchstgeschwindigkeit, um mein Ziel zu erreichen, begierig, die optimale Bank zu finden, um mich zu sonnen. Ich parkte mein Fahrrad, zog mein Hemd aus, unter dem ich ein knappes, ärmelloses Baumwolltop trug, um mich vollkommen der Sonne auszusetzen. Wie gut tat es, sich auszustrecken, mit dem Kopf auf dem Rucksack, während die Sonnenenergie mich liebkoste. Ich versank in Meditation. Alles, was ich hörte, war der traurige Ruf der Möwen in Harmonie mit dem Rauschen des Flussverkehrs. Kleine Boote und Kajaks ließen kleine Wellen gegen den Pier schlagen. Einen Moment lang blieb für mich die Zeit stehen. Dann wurde ich abrupt durch den Klang von Stimmen zurück in die Wirklichkeit geholt und wusste, es war Zeit, wieder in die Pedale zu treten, um nach Hause zu fahren.

Das Telefon klingelte. Ich sah Phils Nummer auf dem Display. Mein Körper spannte sich, eine übliche Reaktion bei Phils Anrufen. Ich antwortete und sprach ruhig und liebevoll. Ich wollte nicht, dass er Besorgnis in meiner Stimme bemerkte. Warum musste ich so besorgt sein? Ich wusste, ich hatte keine Kontrolle, ob Phil wieder Drogen nahm oder nicht, und auch nicht darüber, wie er sein Leben generell lebte. „Mutter, hey, wie geht's? Hör mal, was machst du heute Abend? Soll dein Lieblingssohn zum Essen kommen? Vermisst du mich?" Ihm geht's gut, dachte ich. Ich konnte es an der Dynamik in seiner Stimme erkennen.

Phil kam kurz nach sechs. Er flog in meine Küche so voller Leben und Charme. Er war jetzt 31. Ich streckte meine Arme aus und umarmte ihn. Er trug diese seltsame vollmondartige winzige psychedelische Sonnenbrille, zu klein für sein Gesicht. Es war eigenartig, wie seine Gläser meine Augen widerspiegelten, als ich meine Arme um ihn schloss. Ich liebte die Art, wie er die Brille auf seinen wilden dunklen Locken trug, die ihm bis auf die Schulter fielen. Er hatte meine Haarfülle geerbt und die intensiven braunen Augen seines Vaters. Phil warf seine Jeansjacke lieblos auf den Stuhl. „Ich bin ausgehungert", sagte er und beugte sich hinunter, um mir einen Kuss auf die Wangen zu geben. Phil begann, eine Runde durch die Wohnung zu machen, als ob er das Gefühl von zu Hause wiederentdecken wollte. Er kam an ein Zimmer vorbei, das einst seine Schwester Lydia bewohnte.

Er rief mir in der Küche zu: „Jetzt ist es ein schönes Gästezimmer, Mutter. Wie geht es Lydia eigentlich? Ich habe sie seit Jahren nicht mehr gesehen." Ich hielt es für ein gutes Zeichen, dass er nach seiner Schwester fragte und Interesse zeigte. Wie ich jedes seiner Wort bewertete. Wie lieblos war ich mit unserer gemeinsamen Zeit umgegangen, so als ob wir alle Zeit der Welt hätten. Es wäre mir nie eingefallen, dass ich meinen Sohn überleben würde.

Augenblicke später ging ich ins Wohnzimmer und sah, wie Phil aus dem offenen Fenster starrte. In diesem Zimmer hatten wir zusammen Geburtstage und Partys gefeiert, zum Essen, zum Thanksgiving und zur Auffrischung von Freundschaften zusammen gesessen. Ich war mit meinen Kindern 1981 hierher gezogen, drei

TEIL I

Jahre nach meiner Scheidung. Inzwischen hatten Phils Abhängigkeit und seine psychischen Probleme ein Eigenleben. Damals wusste ich noch nicht, wie vollkommen machtlos ich war. Jahrelang war ich davon überzeugt, dass ich „etwas dagegen tun" könnte.

Dem Fenster gegenüber auf dem schweren Eichentisch standen Familienfotos, ein kleiner hölzener Buddha und eine Vase mit getrockneten Rosen. Wenn man den Tisch auszog, konnten zwölf Personen zum Essen Platz nehmen. Das Zimmer war groß genug für meinen geliebten Baldwin- Stutzflügel und ein kleines Spinett für gelegentliche zweier Piano-Interludien. Phil drehte sich um und sah mich an: „Ich bin froh, hier zu sein, Mutter, die letzten paar Tage war ich down." Ich verbarg meine Angst, dass Phils Depressionen ihn zurück zu den Drogen bringen könnten. Was konnte ich tun? Innerlich machte ich mir Sorgen, aber ich wechselte das Thema und sagte: „ Was du brauchst, ist eine gute Mahlzeit, Lammkoteletts und gebackener Blumenkohl, deine Lieblingsmahlzeit." Gebackener Blumenkohl war eine der deutschen Spezialitäten meiner Mutter. Als unsere Kinder klein waren, fuhren wir oft zum Essen zu meinen Eltern nach Bayside. Bei unserer Ankunft begrüßte mein Vater uns an der Tür. Ich erinnere mich an das Lächeln auf seinem Gesicht. Eine Schürze um seinen runden Bauch geschlungen, erklärte er: „*grandpa best cook*" (Großvater, bester Koch). Er hatte für jedes Kind immer einen Riegel deutscher Schokolade. Mein Vater behauptete gerne, er hätte ihn vergessen, während Phil, Dan und Lydia ungeduldig warteten. Dann, ohne Vorwarnung, erschien die Schokolade, die er aus dem Schrank holte, zu dem nur er Zugang hatte. Mein Vater kochte Sauerbraten und Spätzle, eine Spezialität aus Ulm. Gelegentlich überraschte er uns mit einem Gänsebraten mit Klößen und Rotkohl. Eine Familientradition war fette Gans mit Stücken von Gänseleber, auf frischem Roggenbrot mit einer Prise Salz. Wir stritten uns um das letzte Stück Leber. Damals war unsere Familie noch komplett.

Ich beendete die letzten Vorbereitungen für das Abendessen. Ich liebte meine altmodische Küche, mit ihren hohen Decken und den Drucken von Venedig und Paris an den Wänden. Auf dem Kühlschrank waren Slogans aus den Sechzigern übrig geblieben: „Make love, not war!", „Spring Mobilisation for Peace". Sie waren zwischen Kinderzeichnungen eingeschoben und mit der Zeit vergilbt, alte Listen, Botschaften, ein 1970iger Poster vom Marsch gegen Washington. Mit 56 Jahren war ich noch immer ein Hippie-Blumenkind. In der Ecke der Küche war ein Tisch mit einem rot-weiß-karierten Tischtuch zum Abendessen gedeckt. Ich zündete hohe rote Kerzen an. An der Wand am anderen Ende des Tisches stand meine Lieblingslampe, ein Geschenk von Phil.

Ich erinnere mich an den Tag, an dem Phil mir diese Lampe schenkte. Er war von der Schule nach Hause gekommen, völlig aufgeregt, und hielt ein Päckchen in der Hand, das liebevoll in Zeitungspapier eingewickelt war. Er überreichte es mir, während sich seine Lippen zu einem breiten Grinsen verzogen. Ich wickelte das Papier sorgfältig aus, um sein wertvolles Geschenk zu sehen, eine Lampe, die er in einem Workshop für mich gemacht hatte. Die fischähnliche Basis hatte vier dünne Haken, um Schlüssel zu halten. Ein blassgelber Farbton, akzentuiert mit grün und roten Blumen ist erhalten geblieben. Bis heute hängt sie in der Küche meines Blockhauses.

Phil ging zum Tisch hinüber, und wir setzten uns, um zu Essen.

„Mutter, ich mache mit meiner Band Aufnahmen. Wir haben einen super Sänger gefunden. Wir spielen ‚Blackbird', deinen Lieblingssong." Phil begann, an dem Diamantstecker in seinem linken Ohr herumzufummeln. Er hatte mich mit diesem Ohrring ein paar Tage nach seinem Umzug in sein East-Village-Appartement vor drei Jahren überrascht. Wir hatten ein wunderschönes Appartement im vierten Stock ohne Aufzug, in der Sullivan Street 145 gefunden, und Phil hatte sich sofort in das kleine Studio, mit Blick auf den Garten, verliebt. Phil war clean seit mehreren Jahren. Er brauchte das Geld, das seine Großeltern ihm überlassen hatten, um das Appartement zu kaufen, und ich hatte den Rest beschafft. Es war eine wundervolle Zeit, voller Hoffnung und Freude. Mein Sohn bestand darauf, dass er einen legalen Schuldschein unterschrieb, da er meinen Anteil als Darlehen wollte. Ich war stolz und zuversichtlich, dass er es schaffen würde. Eine Zeit lang zahlte er jeden Monat kleine Beträge zurück.

Ich räumte den Tisch ab, als Phil aufrecht in seinem Stuhl saß und beide Hände auf den Tisch legte. Als die Kinder klein waren, wussten Frank und ich, dass Hände auf dem Tisch gefolgt würden von einem kühnen und gewaltigen „Ich muss euch etwas sagen". Auf diese Art erhielten unsere Kinder unsere ungeteilte Aufmerksamkeit, wenn sie uns etwas zu sagen hatten. Ich lächelte vor mich hin. Doch Phil verharrte in Schweigen.

„Lass uns Tee trinken", sagte ich und stellte den Kessel auf. Tee war unser besonderes „Ding" nach dem Essen. „Nachtisch?", fragte ich und stellte seinen Lieblingsschokoladenpudding mit Schlagsahne vor ihn hin. Phil rührte mit dem Löffel darin herum. Ich setzte mich hin, sah ihm direkt ins Gesicht und fühlte, wie Schweißperlen über meine Handflächen auf meinen Rock rannen. Ich spürte, wie sich meine Angst in meinem Kopf in einen Tornado verwandelte. Die üblichen Gedanken kreisten: „Phil ist mehr oder weniger depressiv. Er ist okay oder nicht okay. Er konsumiert oder konsumiert nicht." Ich hasste es, mir Sorgen um seine Verfassung zu machen. Ich wusste nicht wirklich, wie sein Gemütszustand war. Ich las ständig in seinem Gesicht, um meine eigene Angst zu bezwingen. Ich musste mich um mich selbst kümmern und Phil sein eigenes Leben führen lassen. Als Nächstes hörte ich seine Worte, die sich in meiner traurigen Erinnerung deutlich eingeprägt haben.

„Ich habe Heroin genommen, Mutter, nur ein bisschen probiert, nicht richtig konsumiert. Nur ein einziges Mal." Seine Worte waren beiläufig und emotionslos, so als ob er mir gerade erzählt hätte, dass er im Kino gewesen sei. Ich konnte nicht aufsehen, aber hörte mich fragen: „Möchtest du noch etwas Tee?"

Von da an ging es abwärts. Das Appartement, das Phil so liebte, wurde bald zu einem Zufluchtsort für Drogenkonsumenten. Seine abhängigen Freunde schliefen im Hausflur, brannten Kerzen ab und erschreckten die Hausbewohner. Das Appartement darunter erlitt aufgrund Phils rücksichtslosen Verhaltens einen Wasserschaden. Ich erhielt eine Räumungsklage und weinte bei den Families Anonymous. Ich war überwältigt, verwirrt und voller Angst. Man darf nicht vergessen, dass ich als Miteigentümerin des Appartements für alle Schäden mitverantwortlich war. Eines Tages, als ich wusste, dass Phil nicht zu Hause war, ließ ich alle Schlösser auswechseln. Das Programm (der Families Anonymous) hatte mich ermutigt, eine Situation zu schaffen, in der Phil hart auf den Boden schlug. Ich fühlte mich schuldig und war nie sicher, das Richtige zu tun. Ich wusste nicht, ob auf den Boden schlagen nur eine Metapher für Überdosierung und Tod war. Aber es war ein Risiko, das ich mich entschied einzugehen.

Viele Jahre später sagte mir Lydia, sie würde ihre Töchter niemals, aus welchem Grund auch immer, obdachlos werden lassen. Ein Teil von mir stimmt ihr zu. Damals aber fühlte ich, hatte ich keine andere Wahl, obwohl ich die Aktion halbherzig durchgeführt habe. Ansonsten hätte ich niemals mein eigenes Kind zur Obdachlosigkeit gezwungen.

Phil war wütend auf mich und flehte mich an, ihn zurück in das Appartement zu lassen. Er war sich weder des Schaden bewusst, den er angerichtet hatte, noch des Chaos, das die Drogen bei ihm

TEIL I

verursachten. An jenem Tag, an dem ich Philip ausschloss, fand ich heraus, dass er alles, was ihm lieb gewesen war, verkauft hatte. Sein großer Fernseher stand nicht mehr auf dem Tisch. Seine Gitarren, Lautsprecher und sein akustisches Equipment war fort. Nicht lange zuvor war Phil Songschreiber und Gitarrist, auf dem Gipfel einiger Erfolge, bevor er den verhängnisvollen Heroinzug nahm. Er hatte Freunde und Geliebte und einige Auftritte. Es sah so aus, als hätte er Erfolg in seinem Leben. Nun aber waren in seinem Appartement schmutzige Kleidungsstücke verstreut und im Spülbecken häufte sich das schmutzige Geschirr. Das kleine Studio der Hoffnung gab es nicht mehr.

Eines Nachts, im Sommer 1993, stand Phil vor der Tür, und ich gestattete ihm, die Nacht zu bleiben. Ein Straßenleben mit Drogen wurde immer härter für den Sohn eines Flüchtlings aus Nazi-Deutschland, wie für jeden anderen. Am Spätnachmittag des nächsten Tages ging Phil auf seinem Weg nach draußen durch die Küche. „Yo, Mutter, bis später." Seine Worte veranlassten mich, von den Rechnungen, die ich im Begriff war, zu begleichen, aufzusehen. Ich erkannte kaum die Person, die vorbeiging. Phils silberne ausgebeulte Hosenbeine waren an einigen Stellen abgenutzt. Eine klebrige Masse machte seine aufgespießten Haare steif. Sein Gesicht war blass und sein dünnes Gerippe schockte mich einen Augenblick lang, eine Karikatur des Phils von früher. Er trug ein schwarzes T-Shirt, die Ärmel hatte er abgeschnitten, sein Kreuz baumelte an einer langen Kette um seinen Hals. Alte „Pumas" mit Löchern bedeckten seine nackten Füße. Stücke von verstümmelten Rattenschwänzen waren miteinander verbunden worden und raschelten um seine knöcherne Gestalt, zweimal um seinen Hals, über die Schulter und um seine Taille gebunden. Ein übriggebliebenes Stück vom Schwanz zog er hinter sich her. Dessen früheres Leben war eine grau mattierte Stoffboa, die er aus einem Abfalleimer im Washington Square Park herausgefischt hatte. Er trägt einen toten Bastard, dachte ich. Wer ist dieser Unheimliche, der hinter mir geht? Es war hart, ihn so zu sehen.

Phil, seine silbernen Hosen und der zerlumpte Bastard wurden eins. Beides zog er nie aus. „Ich gehe raus, um Gitarre zu spielen", kündigte er an. Mit seinem letzten wertvollen akustischen Instrument in der Hand knallte er die Tür hinter sich zu und kam erst am anderen Morgen zurück. „Was ist mit deiner Gitarre geschehen? Wo warst du die ganze Nacht?" Ich konnte meine Angst nicht zurückhalten, denn ich war verrückt vor Angst. Wer war dieser Mann, mein ehemaliger Sohn? Seine traurigen Augen lagen tief in den ins Gesicht gezogenen Höhlen, blutunterlaufen und leer.

Meine Stimme schwoll an. „Phil, was ist geschehen?"

„Mutter, ich ging zum World Trade Center. Die Gebäude sind so wunderschön, so hoch und mächtig. Ich liebe das World Trade Center, Mutter." Ich sah hinunter zu seinen nackten Füßen ohne Schuhe. „Es war wunderschön, Mutter. Gott war da."

„Wo ist deine Gitarre, Phil?" Ich wusste, wie sehr er sein Instrument liebte.

„Ich gab sie einem Kumpel am World Trade Center. Er wollte sie sich ausleihen und in ein paar Tagen zurückgeben. Er wird sie mir zurückgeben, Mutter!" Phil sollte nicht lange genug leben, um die Zerstörung seines geliebten World Trade Centers zu erleben. Nach dieser verhängnisvollen Nacht des Herointrips sollte es noch drei Jahre bis zu einer stetig abwärts führenden Spirale dauern, die ihn in den Tod führte.

Am Morgen des 6. März war das Bellevue-Krankenhaus ein grauer entseelter Platz, überall war der Geruch des Todes. Man gab uns Formulare zum Unterzeichnen, um Phils Identität zu bestätigen.

Diese Menschen waren wie Roboter, unsympathisch und so kalt wie der Raum, in dem wir standen. Ich sollte meinen Sohn zum letzten Mal sehen auf einer Liege in der Leichenhalle. Wie konnte das sein? Ich wäre gerne bis zum Ende bei Phil geblieben, um ihm beim Übergang von der irdischen in die spirituelle Welt zu begleiten. Ich hätte gerne mit ihm zusammengesessen, ihm sanft über den Kopf gestrichen, um die Schwingungen zu spüren, wenn sie seinen irdischen Körper verlassen. Ich hätte ihn gerne getröstet. Als Phil starb, war er alleine, es gab keinen Abschied. Wir standen zusammen in der großen Totenhalle, wir, die wir ihn so sehr liebten. Frank, in Begleitung seiner Frau, war untröstlich. Daniel stand neben mir und gab mir Trost. Auch er hatte sich von seinem Bruder nicht verabschieden können, und es gab noch so viel Unausgesprochenes.

All die Jahre hatte Dan unter dem Verlust seines Bruders durch die Drogenabhängigkeit gelitten. Er hatte sich von Phil abgewandt, weil er sein verrücktes und selbstzerstörerisches Verhalten nicht mehr tolerieren konnte. Lydia, die jüngste meiner drei Kinder, war noch nicht aus den Ferien zurückgekehrt, die so grausam von der Nachricht über den Tod ihres Bruders am Tag ihres Geburtstags unterbrochen wurden. Lydia hat nicht nur ihren Bruder verloren, sondern auch einen Onkel für ihre Tochter Melina.

Wilde Geister unserer Vergangenheit schwirrten betrübt herum, als ob sie den eiskalten Raum wärmen wollten. Lilli und Fritz, Franks Eltern, Clae und Herb, Onkel und Tanten, meine Schwester Carol.

Zum letzten Mal alleine mit Phil sah ich sein Gesicht hinter der Glaswand. Wir waren so schmerzlich getrennt. Ich konnte ihn weder berühren noch mit meinen Fingern durch seine wunderschönen dunklen Locken, die abgeschnitten worden waren, gehen. Ich wollte sein Gesicht studieren, um mich an jedes Einzelteil zu erinnern, die vertrauten und geliebten dunklen Augenbrauen berühren.

Lange Wimpern fielen auf seine Wangen. Seine Augen ruhten. Er hätte schlafen, entspannen können, trotz des Wissens, dass eine nicht genehmigte Autopsie durchgeführt worden war, für die ich niemals die Erlaubnis erteilt hätte, wenn man mich gefragt hätte. Ich hätte nicht gewünscht, dass man seinen Körper verschandelt, unter einem weißen Tuch aufschneidet, das ihn bis zu seinem Kinn bedeckte. Ich brauchte nicht zu lesen, dass seine Organe und sein Herz die eines gesunden 36 Jahre alten Mannes waren. Ich wusste, dass er Drogen genommen hatte. Ich brauchte nicht zu lesen, wie viel Alkohol gefunden wurde. Ich wollte nicht meinen Sohn zum letzten Mal hinter der sterilen Glasscheibe einer Leichenhalle sehen. Was hatte ihn in die Drogenwelt zurückgetrieben? Wollte er sterben? War es Selbstmord? Der Gedanke überkam mich oftmals. Jedoch, ich glaube das nicht. Phil hatte mir oft erzählt, wie sehr er das Leben liebte.

Ich erschauderte und geriet in Panik und fühlte die Kälte in meinen Adern, und ich bekam keine Luft. Es war alles zu viel. Ich konnte nichts anderes tun als atmen: Einatmen leicht, ausatmen, Schmerz. Ich konnte nichts anderes tun, als mich der Wahrheit stellen.

Phil war tot, und ich musste weiterleben, jeweils ein Atemzug. Ich fragte mich, wie Eltern von brutal behandelten und ermordeten Kindern in Verzweiflungskriegen – in Palästina, Deutschland oder anderswo in der Welt mit diesem Kummer leben konnten? Ich bin nun eine von ihnen, und das gab mir Kraft.

Ich träumte in dieser Nacht, ich ginge durch einen Schneesturm, bei dem man nichts sehen konnte. In dieser trostlosen sternenlosen Winternacht suchte ich Phil, und plötzlich schien ein Licht durch den Schneesturm, und diesem folgte ich, bis ich Phil fand, eingeschlossen in eine Eisplatte. Ich war alleine in einem großen Raum, der beherrscht von einer Marmorwand wurde, im ehemaligen Konzentrationslager in Theresienstadt. Ich wurde daran erinnert, dass ich Jüdin war. Ich hätte ein weiterer Name auf der unendlichen Liste der Kinder sein können, die von den Nazis zwischen 1941 und 1945 ermordet wurden. Diese Namenslisten waren auf der Wand, die durch Glas geschützt wurde. Ich war von der Vernichtung nur einen Atemzug entfernt gewesen. Meine Augen wurden feucht, voller Kummer und Schuldgefühle, dass ich überlebt hatte. Über mir huschten Geister von toten Kindern und der Geist meines Sohnes. Ich trug dies Bild in mir. Mein Flüchtlingshintergrund und die Überdosis meines geliebten Sohnes verschmolzen miteinander, und es war schwer dort herauszukommen. Wer war ich? Amerikanerin? Deutsche? Jüdin? Was war mein eigenes Schicksal und was glaubte ich? Wie konnte ich weitermachen? Phils Tod, in Verbindung mit dem Ende einer neunjährigen Beziehung mit einem Mann, den ich sehr geliebt hatte, tauchte mich in ein schwarzes Loch, eine schwerere Depression, die sieben Monate anhielt.

An diesem düsteren Ort erkannte meine eigene Tochter kaum das weiße Gesicht, das sie anstarrte. Zwei große Verluste trugen bei zu einer weiteren schwierigen Zeit meines Lebens. Eine Lähmung des Geistes kam über mich in Form von Abgeschlagenheit, Mangel an Motivation oder Hoffnung und dem Wunsch, mich durch Schlaf zu entziehen. Aber der Schlaf kam nicht einfach so, denn die Dunkelheit wurde von Angst, Übelkeit und einer rastlosen Panik begleitet. Ohne Vorwarnung erwachte ich mit Herzrasen, übermäßigem Schwitzen, Müdigkeit und Appetitlosigkeit. Mein Körper schmerzte. Überzeugt davon, ich hätte einen Herzanfall, ging ich zum Kardiologen, der mir gute Gesundheit bescheinigte. Ich fühlte mich dennoch weiterhin verloren, rastlos, unmotiviert, hoffnungslos und schwer depressiv. Jeder Tag war schlimmer als der vorherige. Unfähig zu essen, verlor ich an Gewicht. Meine Angst, ich bekäme eine Psychose wie meine Mutter, und die Lebensgeschichten von

Depressionen und Selbstmorden in meiner Familie trieben mich zu einem Psychiater, der mir Antidepressiva verschrieb. Einige Ativan, die ich in Viertel teilte, gaben mir zwei, drei Stunden Schlaf. Ich wollte nicht aufwachen. Nie dachte ich, dass ich diese Medikamente nehmen müsste, und nun war ich dankbar für die kurze Erleichterung. Ich ging zu einem Psychotherapeuten, der jedoch wenig bewirkte. Nur Zoloft brachte mich wieder zu mir selbst, aber es dauerte Monate. Mein Kopf fühlte sich an, wie mit Wolle ausgestopft. Furchtbare Gefühle des Alleinseins jagten mir Schrecken ein. Ich konnte mit niemandem zusammen sein oder einen Sinn in allem finden, was vor sich ging.

Ich dachte an Unbeständigkeit, Augenblick für Augenblick änderte sich. Ich versuchte, tief zu atmen. Ich meditierte und entschied mich schließlich, mich bei meinem Sangha anzumelden. Mehrere Sommer lang hatte ich an einem Wochenworkshop *„Unconditional Presence"* für Psychotherapeuten, die Meditation praktizierten, teilgenommen. Ich nahm Kontakt auf zu einem Freund aus dem Sangha, der von seinen eigenen schweren Depressionen geheilt war. Er gab mir Kraft. Er versicherte mir Besserung, meinte jedoch, ich müsse Geduld haben. Ich war in wirklicher Not und dachte, ich könne das nicht mehr ertragen. Eines Tages auf dem Weg nach Hause von der Gymnastik, gerade als ich in den Bus einsteigen wollte, knickten meine Beine ein und ich fiel mit dem Bauch auf den Bordstein. Benommen schrie ich um Hilfe, aber die Menschen an der Bushaltestelle ignorierten mich. Ich streckte meine Arme um Hilfe aus. Dieses kaltschnäuzige Desinteresse brachte mir einen bis dahin unbekannten Aspekt von New York zum Bewusstsein. Schließlich zog mich doch jemand hoch und half mir in den Bus. Das Alleinsein und die Angst an der Bushaltestelle verschafften mir einen Moment der Klarheit. Das kaltschnäuzige Verhalten würde mich bald in wenigen Monaten dazu bringen, mein

Appartement zu verkaufen und aus der Stadt zu ziehen, um der Natur, den Bäumen und der Ruhe näher zu sein.

Ich glaube, dass ich mich mit Stärke und Entschlossenheit wieder selbst gefunden habe, mit einer erneuerten Lebenskraft, Dankbarkeit und Freude. Bei genauerer Betrachtung war die gesamte Zeit eine weitere Lektion in meinem Leben, die mich letztlich zum Handeln antrieb.

„Irene", das jüdische Boot nach Gaza

Itamar Shapira (Israel)

Glyn Secher – Kapitän (London)

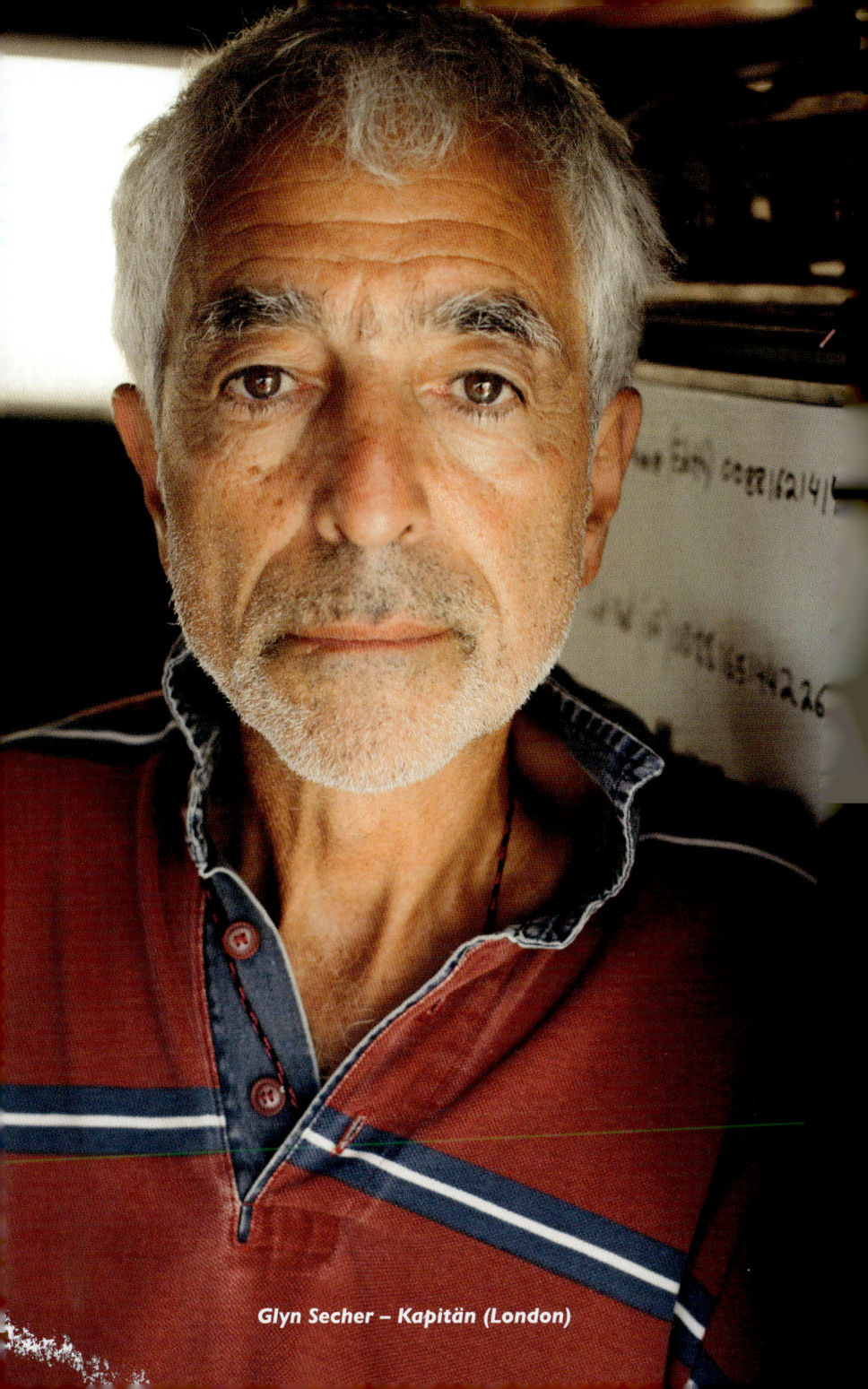

Eli Osherov (Israel Channel 10)

Yonatan Shapira (Israel)

Rami Elhanan (Israel)

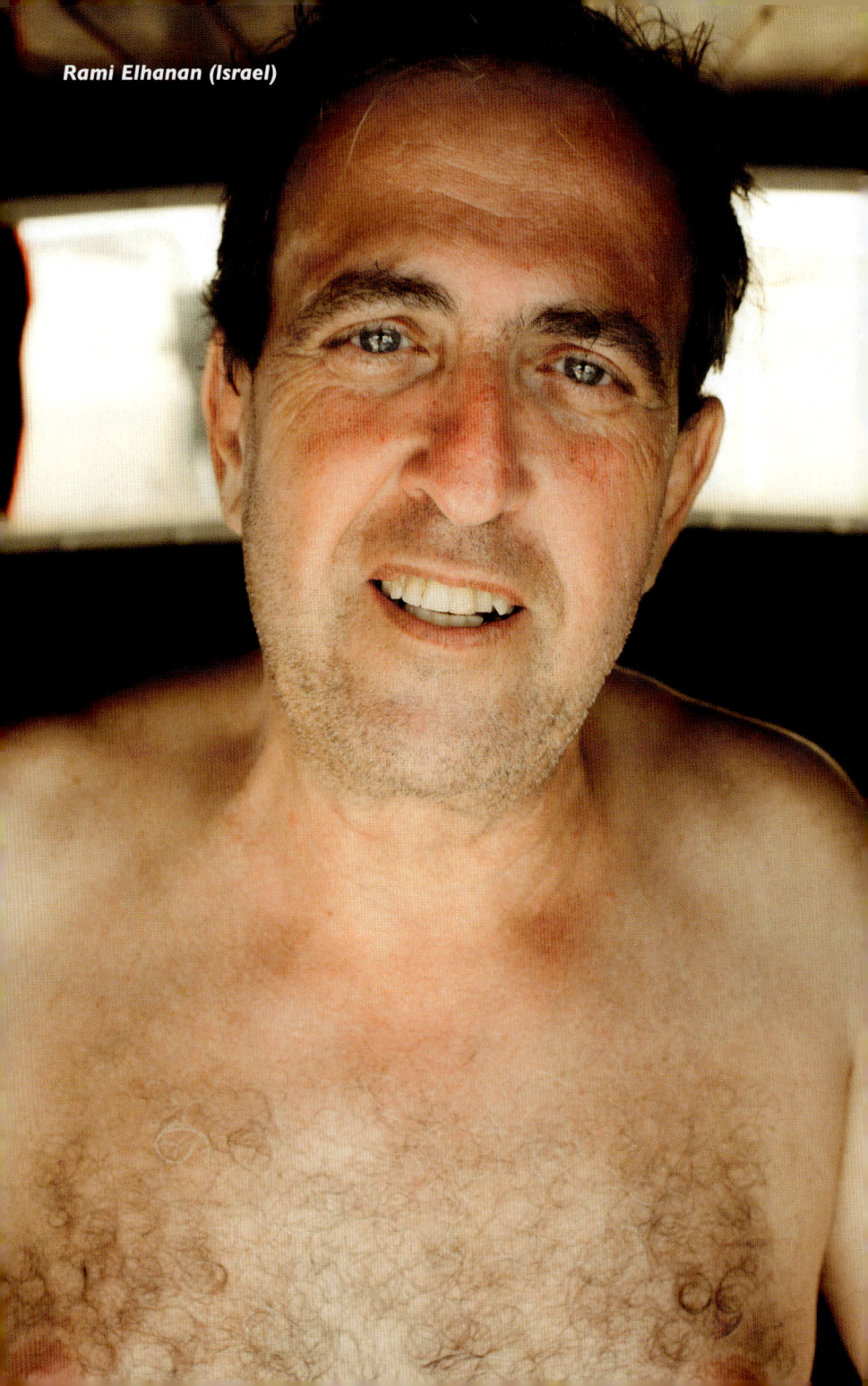

Edith Lutz (Deutschland)

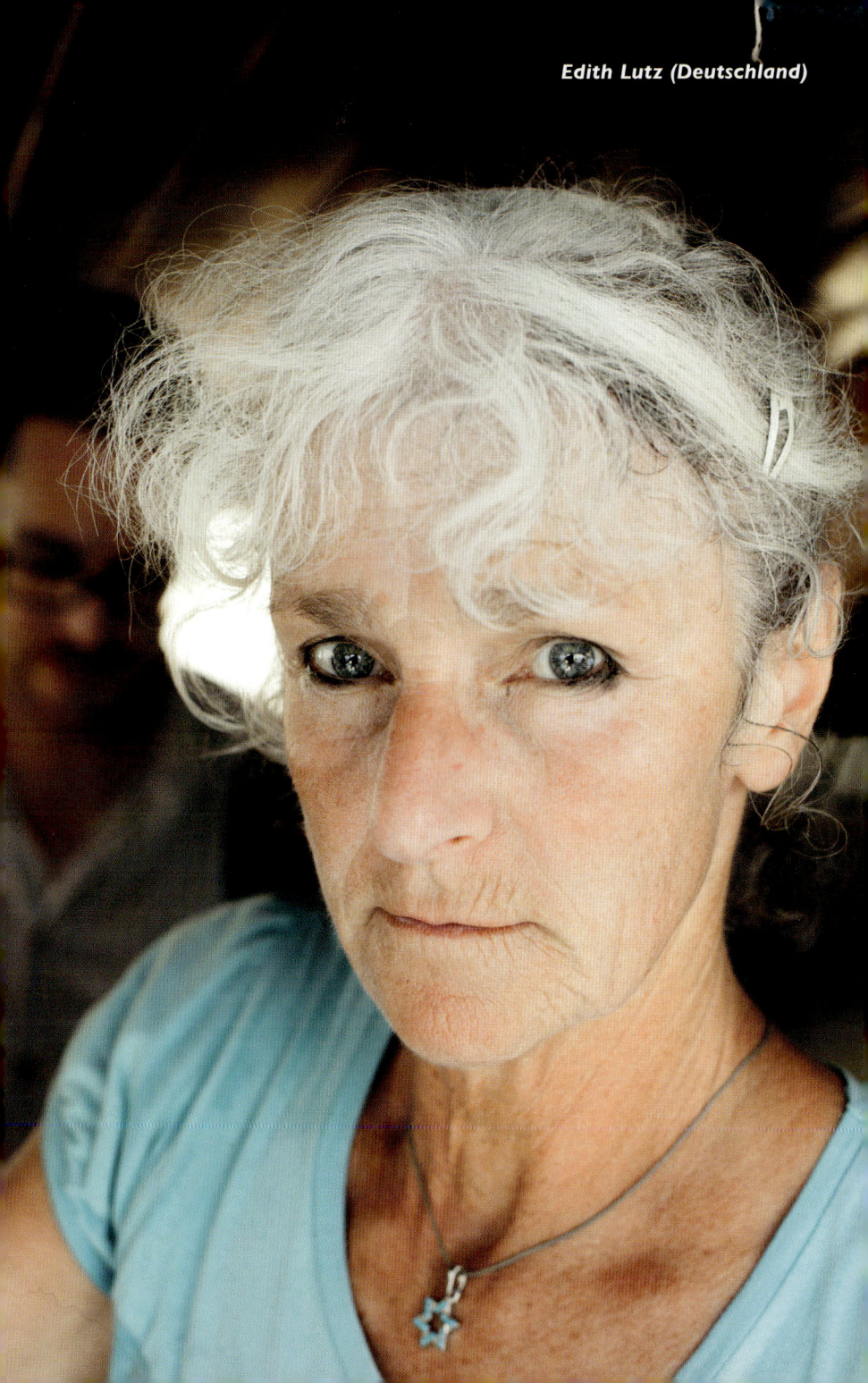

Reuven Moskowitz (Israel)

Lillian Rosengarten (USA)

Passagiere der „Irene" (mit Ausnahme von Allyson Prager, die Dritte von rechts): Lillian, Edith, Itamar, Reuven, Glyn, Rami, Yonatan (nicht auf dem Foto, Eli und Vish)

Glyn am Steuer

Beim Essen

Nach dem Essen

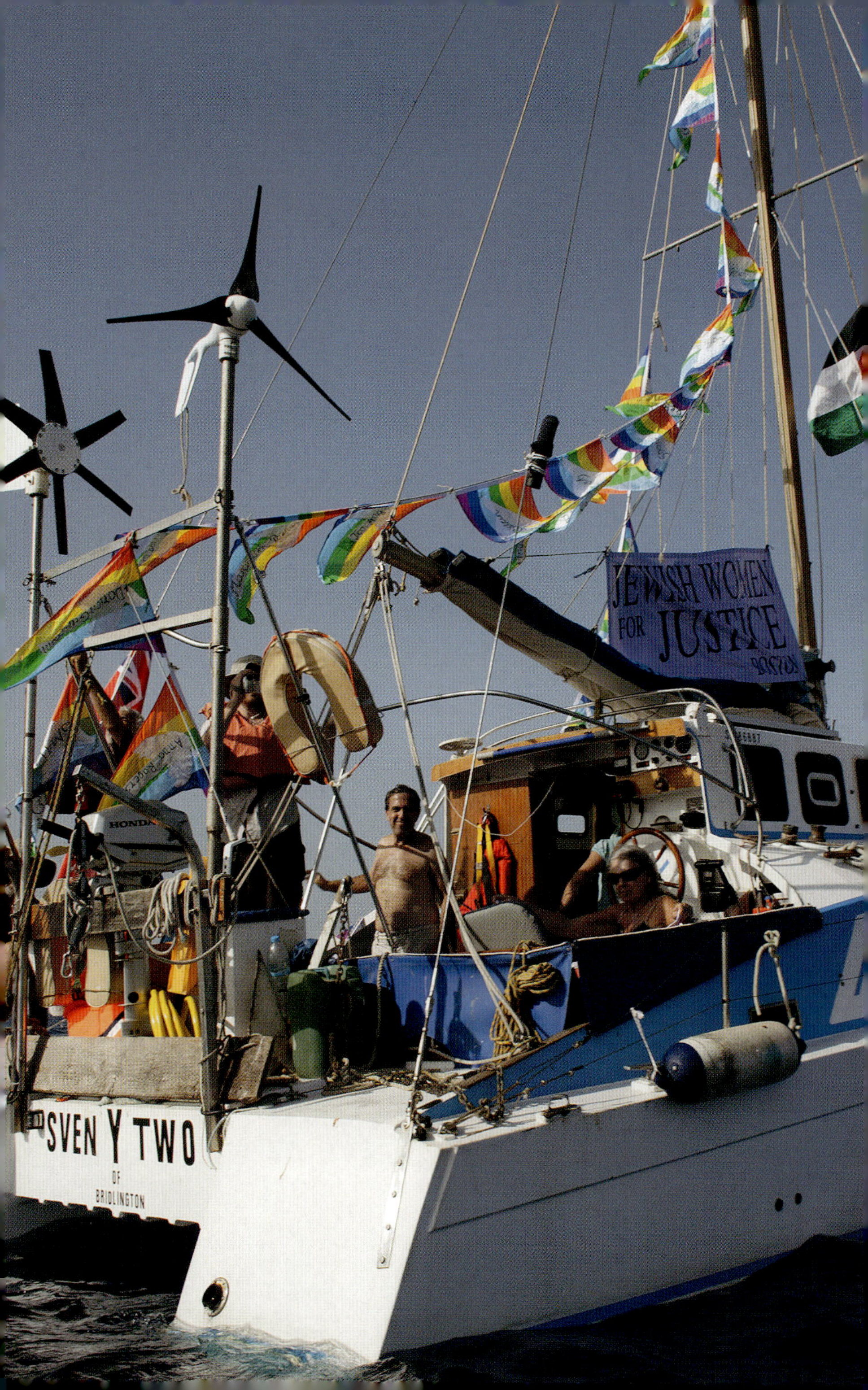
JEWISH WOMEN
FOR JUSTICE
SVEN Y TWO
OF
BRIDLINGTON
HONDA

Edith beim Festbinden der Flaggen

Edith und Reuven

Vish Vishvanath, Fotograf aus London.

Wir nähern uns Gazas Gewässern

Unsere erste Sicht auf sich nähernde Kriegsschiffe

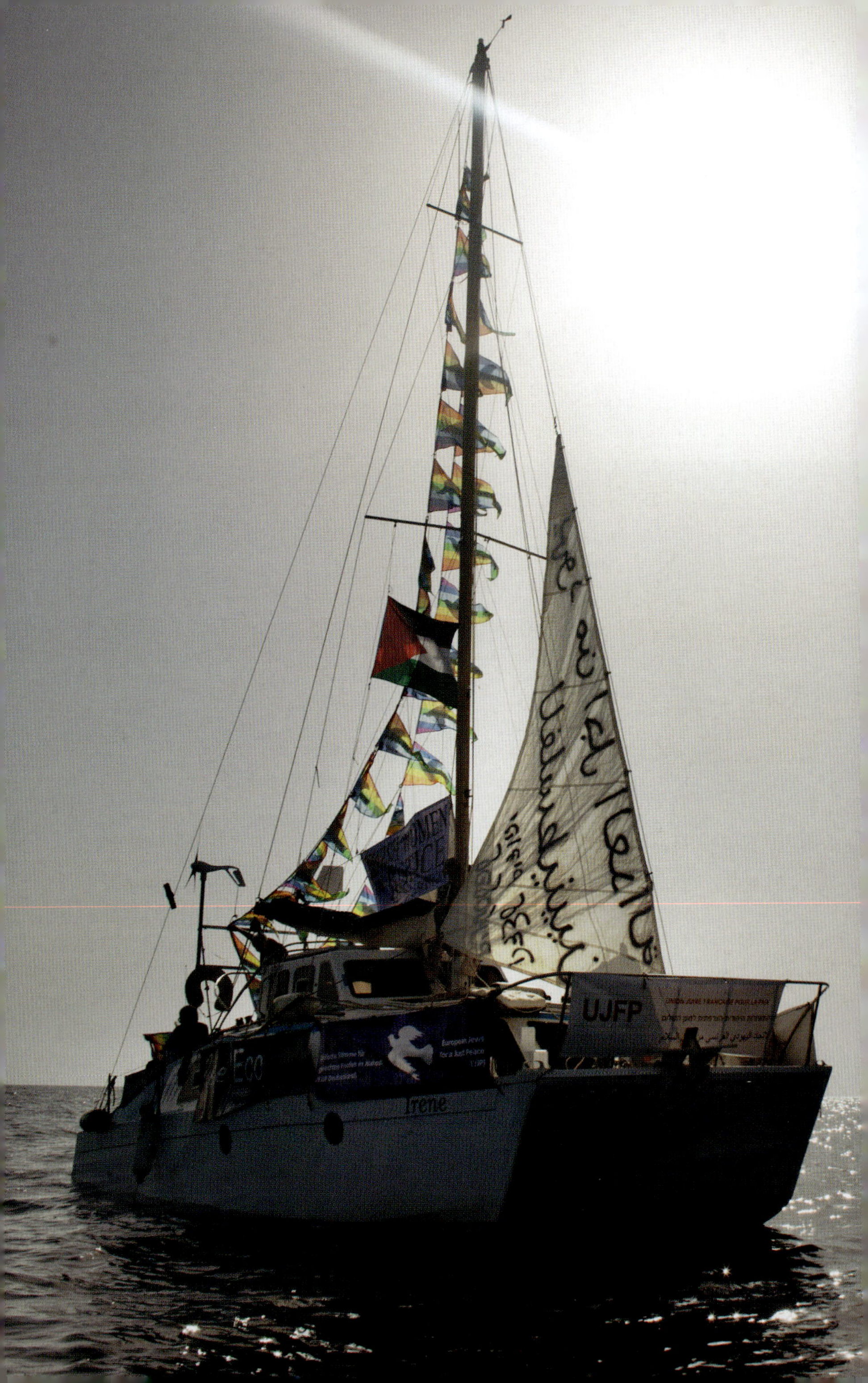
UJFP
European Jews
for a Just Peace
Irene

Teil II

Von Israel nach Gaza

Israel

Der Aktivismus, an dem ich während des Vietnam-Krieges beteiligt war, an der Frauenbewegung, der Anti-Apartheid-Bewegung Südafrikas, der Bewegung gegen den Irakkrieg und gegen die nacheinander folgenden amerikanischen Militärinterventionen, wurde durch Handeln und Führung anderer angetrieben. Natürlich war ich begeistert, aber meine Rolle war die eines Mitläufers, nicht die eines Führers. Ich nahm an Demonstrationen teil, die andere organisiert hatten. Ich wurde nicht aus mir selbst heraus angetrieben, zu organisieren, aufzustehen und Dinge anzusprechen, sondern war Teil eines Kollektivs, einer Gemeinschaft von Protestierenden. Ich fühlte mich sicher in dieser Rolle. Niemand griff mich wegen meiner Ansichten an oder bezeichnete mich als Antisemit. „Unpatriotisch" zu sein gefiel mir, denn es symbolisierte Widerstand gegen Kriege, gegen unsere Militärindustrie, gegen den Glauben an Intervention oder „Demokratisierung" als Mittel, sich natürlicher Ressourcen und strategischer Macht in der Region zu bemächtigen. Wenn Patriotismus mit Unterstützung von Kriegen und globaler Herrschaft gleichgesetzt wurde, wollte ich daran keinen Anteil haben.

Ich besuchte Israel in den frühen 1970ern und traf zum ersten Mal den weiteren Kreis der Lebrecht-Familie. Anfangs, noch frei von israelischer Politik, liebte ich die kollektive Art des Lebens. Ich liebte das Land und seine Schönheit. Ich hatte den Mythos von Israel, die einzige Demokratie im Nahen Osten zu sein, geglaubt. Ich hatte die Geschichte der öden Wüste, die die Juden, die dorthin gekommen waren, um ihr Heimatland zu gründen, zum Leben erweckt haben, gehört. Zum ersten Male spürte ich meine jüdische Identität: sicher und beschützt vor Antisemitismus. Es waren schöne Besuche dort, eine seltene Zeit, in der ich immer noch die Idee Israels liebte und mit meinem ganzen Herzen glauben wollte, dass die Juden frei von Verfolgung sein könnten und Israel zu einem Leuchtfeuer werden könnte, um eine Welt zu erleuchten, nach einer langen Geschichte der Dunkelheit und Verzweiflung.

Meine eigene Erkenntnis entwickelte sich langsam, aber stetig und mit einer Melancholie, denn ich lebe mit Erinnerungen, die sich mit Flüchtlingen identifizieren, mit allen Flüchtlingen, die durch den Nationalsozialismus heimatlos wurden. Als ein Kind, das auf wundersame Weise eines der abscheulichsten, rassistischen Verbrechen des zwanzigsten Jahrhunderts überlebte, war ich entschlossen, unbefangen zu versuchen, die gemeinsame palästinensisch-israelische Geschichte zu verstehen, die eine ineinander verflochtene Geschichte tiefen Leids auf beiden Seiten umfasst. Beide Geschichten handeln von Unterdrückung, Schikanen und Kämpfen gegen die Vernichtung. Beide Geschichten handeln von unzähligen Flüchtlingen, die ihre Heimat und ihr Leben verloren haben.

Viele Mitglieder der Lebrecht-Familie waren nach Südamerika, Chile und Brasilien ausgewandert. Mein zweiter Vetter, Edmundo Lebrecht, wuchs in Chile auf. Nachdem Pinochet und seine faschistischen Anhänger 1973 die Macht ergriffen hatten, wurde er inhaftiert und grausam gefoltert. Edmundo wurde in einem Konzentrationslager gefangen gehalten, aber später mit Hilfe seines Onkels, Hans Lebrecht, entlassen und nach Deutschland ausgeflogen, wo er einige Jahre im Exil verbrachte, zuerst in Ulm, dann in Berlin. Er kehrte nach dem Sturz von Pinochet nach Chile zurück. Ich habe vor Edmundo, einem Freiheitskämpfer, Achtung. Er starb kürzlich im Alter von 68 Jahren.

In den USA habe ich noch zwei Kusinen ersten Grades, die Kinder der Schwester meines Vaters, Grete Moos. Enkelkinder blieben verstreut, einschließlich einer Tochter und eines Enkels, die in Israel leben. Gary (Gerhardt Moos) und Gabriele Moos Gazert, nun 92 und 86, haben sich von mir distanziert, seitdem sie erfahren haben, dass ich Passagierin auf dem jüdischen Boot nach Gaza im Jahr 2010 war. Sie missbilligen dies und sagten, ich verrate mein jüdisches Erbe und Israel. Nichts ist von der Wahrheit weiter entfernt. Eine andere Meinung zu haben, bedeutet nicht, zu verraten, was es bedeutet, Jüdin zu sein. Eine andere Meinung zu haben bedeutet, „wahre Demokratie vor dem Tod hinter verschlossenen Türen zu retten" (Molly Ivens). Aber am wichtigsten ist, dass eine andere Meinung zu haben, nicht bedeutet, antisemitisch zu sein.

Ich traf Alexander (vorher: Karl) und Elisheva (bekannt als Lisbeth) Neumeyer 1976. Karl war ein Vetter meiner Großmutter Gisela Lebrecht. In Deutschland hatte er Jura studiert, aber sich entschlossen, stattdessen Landwirtschaft zu erlernen, was zu seinem Lebenswerk wurde. Sie waren Zionisten, und Judaismus begeistert aufzunehmen, war ein wichtiger Teil ihres Lebens. Zu jener Zeit hielt ich den Zionismus für positiver, eine Bewegung für Diaspora-Juden, um ein Heimatland zu finden. Karl und Lisbeth hatten Deutschland vor der „Reichskristallnacht" verlassen, um nach Argentinien zu gehen, wo sie mit vier Freunden eine sehr primitive kollektive Farm in Avigdor, das in einiger Entfernung von Buenos Aires liegt, errichtet hatten. Drei Kinder, Manuel (Imanuel), Miguel (Micha) und Judith wurden dort geboren. Vielleicht war Avigdor zu isoliert, um ihre Kinder großzuziehen. In Karls Worten: „Während unseres Aufenthalts in Argentinien wurden wir davon überzeugt, dass das jüdische Volk nur eine Zukunft hat, wenn die zionistischen Ideen verwirklicht werden." Er schrieb an Freunde in Israel, und die Familie wurde eingeladen, direkt nach Shavei Tzion zu kommen.

Ihre letzte Tochter Esti wurde kurz darauf geboren.

Ich wollte sie gerne kennenlernen und war neugierig, das kollektive Leben kennenzulernen. Eine Gemeinschaft von Familien, die zusammen lebten und arbeiteten, eine Kinderbetreuung hatten und eine gemeinsame Struktur, die einen großen Eindruck hinterließ. Moshav ist das hebräische Wort für „Siedlung", eine Art landwirtschaftliche Kommune, die auf dem Prinzip des privaten Landbesitzes basiert, im Gegensatz zum Kibbutz, wo es kein privates Eigentum gibt.

Shavai Tzion grenzt ans Mittelmeer, im Süden von Nahariya. Karl schrieb: „Vom ersten Tag in Shavei Tzion an waren wir von der Schönheit des Ortes verzaubert. Auf der einen Seite das Mittelmeer, auf der anderen den Blick auf die Berge von Galiläa, mit den Dörfern, die in der Glut der untergehenden Sonne leuchteten, mit seinen hübschen Häusern, die alle von grünen und farbenfrohen Gärten umgeben sind." Diese Beschreibung muss die Verbundenheit so vieler Juden zu einem idealisierten Land versinnbildlichen, von dem sie glauben, dass es ausschließlich ihr Land ist.

Ich war vollkommen von ihrem Familienleben ergriffen, das in so schmerzlichem Kontrast zu meinem früheren Leben in Bayside steht. Vielleicht idealisierte ich auch Karl und seine so einladende und generöse, vornehme Art und ihr einfaches Haus, in dem ich die gesamte Familie viele Male zu einem opulenten Festmahl getroffen hatte. Sie strahlte Freude und Unkompliziertheit, Dankbarkeit für die Schönheit der Erde und eine sichtbare Zufriedenheit aus. Lisbeth benahm sich ohne die geringste Eitelkeit. Sie war korpulent und verkörperte die Art von Mutter, von der ich geträumt und die mir in meinem eigenen Leben gefehlt hatte. Sie nahm mich überschwänglich und mit Wärme unter ihre Fittiche. Es gab weder Kritik noch Unzufriedenheit. Ich liebte sie, so voller Leben und Hoffnung. Ihre

Kinder brachten 12 Enkelkinder hervor, die so weit ich weiß, alle in der israelischen Armee dienten. Sie waren zufrieden in diesem Land, und warum auch nicht? Sie lebten ein gutes und produktives Leben und sahen sich selbst als Pioniere. Alle Kinder verließen irgendwann den Moshav, weil das kollektive Unternehmen für sie nicht länger von Interesse war.

Ich besuchte Yad Vashem in Jerusalem. Gravierungen in den Steinen außerhalb des Hauses des Leidens listeten einige der Lager auf: Sobidor, Treblinka, Dachau, Majdanek, Auschwitz-Oswiecim, Chelmo, Drancy, Lwow-Janowska, Belzec, Mauthausen, Kooga, Jasenovac, Struthof, Theresienstadt. Die Namen rufen Schrecken hervor und werfen die ewige Frage auf: „Im Namen der Menschlichkeit, wie konnten menschliche Wesen in solch einer Brutalität einander solche Verluste zufügen? Ich ging durch die Kindergedenkstätte, eine riesige Trauerhalle, die 1.600.000 ermordete Kinder dokumentierte. Man kann nur weinen, wenn man alle diese Fotos all unserer Kinder sieht, befestigt auf einer endlosen Mauer und von Trauermusik begleitet. Im Hintergrund reflektierte eine brennende Kerze schauerlich 1.600.000 Kerzen an der Decke. Ich schnappte nach Luft und fühlte wieder die Freude und den Kummer des Überlebens. Da der Name jedes Kindes, sein Alter und Herkunftsland ausgerufen wurden, stellte ich den Grund infrage, dass ich davon ausgenommen worden war, und hinterfragte meinen Lebenssinn. Ich verließ Yad Vashem erschüttert und konnte nur noch die Worte hören: „Nie wieder!"

Das einflussreichste und liebste Familienmitglied in Israel war ein Vetter meines Vaters, ebenfalls in Ulm geboren. Hans Lebrecht wurde mein Mentor. Er war ein progressiver Humanist, der für Freiheit und Gerechtigkeit kämpfte. Hans zeigte mir ein anderes Gesicht Israels. Er war aktiver Widerstandskämpfer im Zweiten Weltkrieg gewesen, ein bekannter kommunistischer Aktivist und Journalist. Hans war Unterstützer und Publizist von Gush Shalom (dem Friedensblock), der von Uri Avnery, einem israelischen Publizisten, gegründet wurde. Avnery war als Jugendlicher Mitglied des Irgun und von 1965 – 74 und von 1979 – 1981 Mitglied der Knesset. Er und Hans waren Freunde und Kollegen. Das Ziel von Gush Shalom ist Frieden und Aussöhnung mit dem palästinensischen Volk und die Besatzung zu beenden.

Hans war der Vater, den ich wollte: ein Menschenrechtsaktivist, intellektuell, ein Mentor. Ich liebte ihn. Nun in den Neunzigern und nicht mehr fähig, aktiv zu sein, lebt er im Kibbuz Beit Oven. Vorher lebte er mit seiner Lebenspartnerin Tosca in Tel Aviv, wo ich sie oft besucht habe. Im Jahr 2001 sandte Hans einen Neujahrs-Rundbrief an all seine Freunde und Verwandte mit den folgenden Grüßen, die vermitteln, wer er war: „Für jeden ein Jahr mit der bestmöglichen Gesundheit, ein Jahr, das ein Ende aller Kriege sieht, ein Ende jeglichen Fremdenhasses und Faschismus, jeglichen Hungers und jeglicher Armut auf Erden – ein Jahr voller Erfolg auf dem Weg zum Sozialismus, zur wahren Demokratie und Gleichheit für alle, in Richtung eines ehrlichen, gerechten und dauerhaften Friedens. Jerusalem als Hauptstadt zweier Staaten – der einzige Weg zum Frieden." Zu dieser Zeit war eine Zwei-Staaten-Lösung noch möglich.

Ich erinnere mich gut an die Worte meines Vaters: „Hans ist das schwarze Schaf der Familie." Seine linke sozialistische Philosophie, seine Beteiligung an einer kommunistisch geführten Untergrundbewegung sowie seine Rolle als Widerstandskämpfer warfen Fragen bei seinen mehr dem Mainstream hörigen Familienmitgliedern auf, die nicht politisch aktiv waren. Ich war von Anfang an interessiert, bevor ich ihm überhaupt begegnet war. Hans verbrachte sein Leben mit dem Aufbau einer Friedensfront in Israel und Palästina. Im Juni 1992 gab es Hoffnung. Die Labour-Partei hatte die israelischen Wahlen gewonnen. Rabin, der als Militärfalke galt, verpflichtete sich, den Bau der Siedlungen in der Westbank und Gaza zu stoppen. Meretz, die zionistisch-sozialistisch-demokratische Partei vom linken Flügel, hatte 12 Sitze erhalten, und 5 Sitze wurden von den arabischen Parteien in der Knesset gewonnen. Dann, im Jahre 1995, wurde Rabin von einem jüdischen Fanatiker ermordet. Frieden war keine realisierbare Alternative gewesen. Ich hatte so viele Fragen, als ich mir der beiden Gesichter Israels bewusst wurde. Wie war es möglich, dass Israelis fähig waren, eine sozialistische Form des gemeinschaftlichen Lebens auf dem Boden von anderen aufzubauen? Es ergab keinen Sinn.

1992 besuchten Hans und ich Bir Zeit, eine palästinensische Stadt im Norden Ramallahs in der Zentralwestbank. Wir hatten Lunch im Haus von Abbas Abdul-Haq, mit seiner Frau Ursula und ihren vier Kindern. Abbas, ein großer rundlicher, freundlicher Mann in den 50ern, war zu der Zeit palästinensischer Professor für Ingenieurwesen an der Bir Zeit-Universität, der ersten palästinensischen Universität. Dies war das erste Mal, dass ich davon hörte, dass israelische Soldaten ohne Vorwarnung erschienen, um die Häuser zu durchsuchen, meistens inmitten der Nacht, um nach Terroristen und Waffen zu suchen. Zerstörte Häuser, Geister ihrer selbst, standen nackt und verlassen da, um sie zu dem Umfeld eines Kriegsgebietes hinzuzufügen. Wo sind die Familien hingegangen? Was geschah mit Abbas und seiner Familie? Ich fühlte den Schmerz aus einer Zeit der Nazifizierung Deutschlands, die Opfer der Nazi-Diktatur, die gezwungen worden waren, ihre Häuser zu verlassen. In Bir Zeit waren einst wunderschöne Steinhäuser mit vielen Stockwerken erbaut worden. Jetzt waren die Häuser eingefriedet von hohen Mauern und gaben die Illusion von Sicherheit. Als ich über die Bergkuppen hinaussah, sah ich zum ersten Mal Enklaven florierender Siedlungen, nun kleine Kommunen, die Siedlerstädte, die deutlich auf palästinensischem Land errichtet sind, davor Bauernhöfe und Häuser. Sie waren getrennt hinter endlosen Steinmauern.

An diesem Tag in Bir Zeit sprach Abbas' Frau Ursula über „israelische Soldaten, die sich wie Nazis verhalten." Ich war schockiert und empört. Sie fügte hinzu: „Niemand hegt antisemitische Gefühle gegen die Juden. Es ist Hass gegen die zionistische Agenda, die gegen palästinensische Rechte verstößt." Ich habe oft diese Differenzierung von Palästinensern gehört. Nationalistische Zionisten sind nicht dasselbe wie säkulare Juden. Irritiert wegen Ursulas Behauptung, bestand ich darauf, dass man Israelis niemals mit Nazis vergleichen könnte. Die Monster des deutschen Nationalismus konnten nicht in Israel leben. Israel war immer noch ein Land, das ich lieben wollte. Ursula fuhr fort, über die Besatzung zu sprechen, über das gestohlene Land, über Bulldozer, zerstörte Häuser, über Soldaten, die mitten in der Nacht in die Häuser eindrangen und Familien und weinende Kinder erschreckten, auf der Suche nach Terroristen. Ursula plante, die Kinder nach Deutschland zu bringen.

Man mag sich wundern, wie Hans und ich zu dieser Zeit ins besetzte Palästina hinein- und herausgelangen konnten. Es war nicht leicht, obwohl Hans ein ausländisches Pressezeichen in arabischer Schrift an seine Windschutzscheibe gesteckt hatte. Das funktioniere nicht immer, sagte er, seitdem bekannt geworden war, dass Presseausweise zur Spionage benutzt wurden. Irgendwann hatte Hans den Weg verloren, als wir zurück nach Tel Aviv fuhren. Sichtbar ängstlich wollte er keinen israelischen Soldaten nach dem Weg fragen, da er damit zu viel Argwohn erregen würde.

Durch diese Fahrt änderte sich etwas Wichtiges für mich. Der Mythos von Israel als ‚Leuchtfeuer' für die Welt wurde mehr und mehr erschüttert. Doch viele Jahre lang versuchte ich Israel zu verteidigen. Ich wusste nun, dass meine Reaktionen eine Antwort auf die Emotionen waren, die amorph an die „Endlösung" geknüpft waren. Ich war deshalb noch nicht bereit, zwei eigenständige

Dinge zu erforschen – Judaismus und nationalistischen Zionismus – oder ihre Beziehung zu Israel.

Hans führte mich bei Freunden von Gush Shalom und anderen Friedensbewegungen ein. Ich hörte eine andere Geschichte, die palästinensische Perspektive, die Geschichte der „Nakba" („Katastrophe"). Meine Furcht vor allen Formen des Nationalismus hatte sich vertieft und ich verstand nun, dass wir Eigenschaften entwickeln müssen, um unsere gemeinsamen Lebensbedingungen hervorzuheben, wenn wir den Kreislauf der endlosen Kriege und der Zerstörung durchbrechen wollen.

Als ich mit Hans als meinem Führer durch Israel tourte, beobachtete ich eine sichtbare, jedoch subtile „Haltung" gegenüber sephardischen Juden, jenen Juden, die ursprünglich aus Spanien vertrieben wurden, die im Kontrast stehen zu den „kultivierten" aschkenasischen Juden aus Westeuropa. Hatte ich eine Nuance von Rassismus erfasst? So etwas hatte ich nicht in meiner naiven Idealisierung Israels erwartet und war verwirrt. Fragen nach Rasse und Verhalten entwickelten sich in meinem Bewusstsein. Aufgrund meines neuen Bewusstseins sollte auch ich irgendwann ein „Schwarzes Schaf" werden und mir oft sagen lassen, ich sei gegen Israel. Die Wahrheit ist, dass ich sehr gerne Israel und Palästina nebeneinander sähe. Das würde mich zu einer stolzen Jüdin machen.

Das Jüdische Boot

In den vielen Jahren zwischen 1991 und 2008 war ich glücklich, in fernen Ecken der Welt, auf der Suche nach Ländern, die von Modernität, Missionierung oder westlicher Entwicklung unberührt waren. Ich fuhr zum Amazonas, Iquito, Puccalpa und fand keine Stämme entlang des peruanischen Amazonas in einer Zeit, wo das Gebiet durch das Abholzen noch nicht verwüstet war. Innerhalb eines Jahrzehnts hatte ich Borneo, Thailand, Indien, Nepal, Burma, Iryan Jaya (West-Neu Guinea), Bali, Vietnam, Laos und Kambodscha besucht. Immer und immer wieder zog es mich nach Asien, begierig nach der Kultur und ihren Menschen. Ich wanderte zu den von Armut geplagten Dörfern der Einheimischen und benutzte eine Polaroid-Kamera, zunächst um die Kinder einzubeziehen, dann jedoch schnell das gesamte Dorf. Obwohl wir keinen Zugang zu einer gemeinsamen verbalen Sprache hatten, schienen die Grenzen der Gegensätze durch unsere Augen und unseren Ausdruck für kurze Zeiten zu verschwinden. Es waren einzigartige Momente, als ich eine gemeinsame Verbindung zwischen uns fand, zerbrechlich, aber lebendig, voller Mitleid, Interesse, Neugier und ja, Liebe. Ich konnte nicht genug bekommen. Ich weiß, dass wir alle unter der Hautoberfläche und den kulturellen Differenzen auf einer tiefen Ebene miteinander verbunden sind, die uns wahrhaftig zu unserer Humanität bringt. Es war nach dieser Zeit der Reisen und Entdeckung, als ich zum bedeutendsten Abenteuer meines Lebens eingeschifft habe. Alles begann am 17. Juni 2010, als ein Freund mir einen Artikel sandte, geschrieben von Adam Horowitz und auf der Website der News von Mondoweiss veröffentlicht:

„Es scheint so, dass der Versuch des jüdischen Bootes, die Blockade von Gaza zu durchbrechen, einen Nerv getroffen hätte. Die

Organisatoren suchen ein zweites Boot aufgrund der übermäßigen Anfragen."

Aus Haaretz:

„Ein Verein deutscher Juden mit dem Plan, ein Boot mit humanitären Hilfsgütern nach Gaza zu bringen, um die Blockade zu durchbrechen, sucht aufgrund der großen Nachfrage von Mitreisewilligen ein zweites Boot. Diese Gruppe *Jewish Voice for a Just Peace* hatte ursprünglich geplant, Mitte Juli ein kleines Boot von einem Mittelmeerhafen auszusenden, um Hilfe, vorbei an der von Israel auferlegten Blockade, zu bringen."

Ohne einen Moment nachzudenken und aus einem unerklärlichen Antrieb heraus, wusste ich, dass ich die Organisatoren finden und sie kontaktieren musste. Ich fand Edith Lutz und Kate Leiterer, die Organisatoren der „Jüdischen Stimme für einen gerechten Frieden" in Deutschland. Auf meiner Suche stolperte ich über andere Seiten: Amerikanische Juden für einen gerechten Frieden und Jüdische Stimme für Frieden in Oakland, Kalifornien, die mir halfen, Edith und Kate ausfindig zu machen. An diesem Tag wurde mir bewusst, dass ich nicht alleine war.

Ich schrieb ihnen Folgendes:

„Ich bin ein Flüchtling aus Nazi-Deutschland (Frankfurt), Menschenrechtsaktivistin, Dichterin, Publizistin und Psychoanalytikerin. Ich bin um die ganze Welt gereist, einschließlich Deutschland und Israel (habe dort Verwandte). Andere deutsche Juden, meistens ältere Verwandte, sowie amerikanische Juden in vielen Ländern außer Israel, viele von ihnen progressiv, stimmen mit mir überhaupt nicht überein. Als Jüdin und besonders als deutsche Jüdin fühle ich mich isoliert in meinem Streben nach gleichen Menschenrechten für alle. ‚Nie wieder' hat eine tiefe persönliche Bedeutung und verlangt, dass ich nicht nur gegen Ungerechtigkeit und Verstöße gegen Menschenrechte meine Stimme erhebe, sondern auch handele. Ich bin mir einer wachsenden Spaltung in Israel zwischen Likud und Labour schmerzlich bewusst, einer Spaltung, die das Land teilt und immer gewalttätiger innerhalb der beiden Fraktionen der jüdischen Gemeinschaft wird. Mein Onkel Hans Lebrecht (jetzt über 90), einst aus Ulm, sagte dies zwei Jahrzehnte zuvor voraus. Ich war mit ihm viele Male in Israel, und er war es, der mich zuerst bei palästinensischen Familien einführte, bei seinen Freunden in der Westbank. Ich traf Familien, die ich in den Jahren unserer kontinuierlichen Freundschaft lieb gewann. Ich wäre gerne Passagier auf diesem Schiff, um Israels Blockade zu brechen und zu beenden. Ich spreche fließend Deutsch, obwohl ich besser Englisch lesen kann. Wie kann ich das erreichen? In Erwartung Ihrer Antwort,

Lillian Rosengarten (früher Gisela Lebrecht)"

Am 19. Juni wurde ich eingeladen, an der Bootsfahrt teilzunehmen. Mir war ein Geschenk gegeben worden. Die Organisatoren standen in Verbindung mit der amerikanischen und der israelischen Regierung, um eine sichere Fahrt für das jüdische Boot zu gewährleisten und die Einreise nach Gaza genehmigen zu lassen, um seine friedlichen und humanitären Bemühungen zu erfüllen. Als ich Reisevorbereitungen traf, um von jetzt auf gleich zu fahren, wusste ich, dass dies genau das war, was ich tun musste. Ich war nicht immer sicher, aber dieses Mal doch. Meine Tochter Lydia bat mich, nicht zu fahren. „Es gibt so viel anderes, was du von hier aus tun kannst", plädierte sie. Sie selbst hatte Angst. „Du setzt dich selbst der Gefahr aus, Mutter, du könntest sterben." Später in einem Telefoninterview mit der New York Times vom 28. September sagte Lydia: „Es widerstrebte mir, sie gehen zu lassen aufgrund meiner Angst, aber ich bin unglaublich beeindruckt von ihrer Tapferkeit." Dan akzeptierte mehr oder weniger meine Entscheidung, als ich ihn mit Artikeln überhäufte, in einem Versuch ihn zu überreden. Melina und Emilia, meine Enkeltöchter, empfanden die Ängste ihrer Mutter. Als die sieben Jahre alte Emi fragte: „Omi, bist du glücklich, dass du auf das Schiff gehst?" und ich antwortete: „Sehr glücklich!", gab sie mir ihre Erlaubnis: „Okay, Omi, du kannst gehen." Melina, damals 16, akzeptierte meine Entscheidung trotz ihrer Vorbehalte. Enge Freunde waren besorgt. Ich verstand ihre Besorgnis, wurde aber nicht abgeschreckt.

Warum ein jüdisches Boot? Es hätte jedes Boot sein können oder eine andere Form aktiven Widerstands. Es ist wichtig zu wiederholen, dass ich eine assimilierte Jüdin bin, ohne Zugehörigkeit zu einer organisierten Religion. Trotzdem bin ich immer noch eine Jüdin. Ich halte nichts von Kriegen und bin Pazifistin geworden. Ich glaube an den Dialog und das Sprechen mit dem Feind. Ich glaube an den Versuch, den „anderen" durch Zuhören und Mitgefühl zu verstehen. Ich glaube an eine Konfliktlösung mit friedlichen Mitteln. In Israel, wo Gewalt auf Gewalt trifft, werden wir Zeuge einer Spirale des Hasses, der sich mit jeder Generation mehr vertieft; einer Spirale endlosen Leidens. Ein jüdisches Schiff war wichtig aufgrund meines Hintergrundes, aber am wichtigsten als Gelegenheit, als Jüdin gegen die Menschenrechtsverstöße zu sprechen. Ich wollte jedem, der zuhörte, sagen: „Ich bin eine Jüdin, und die Aktionen der zionistischen Regierung geschehen nicht in meinem Namen." Das jüdische Boot verschaffte mir und vielen anderen gleichgesinnten Juden eine wirkungsvolle Form des Widerspruchs, als wir an einen Ort segelten, vor dessen Betreten man uns gewarnt hatte.

Am 21. September flog ich nach London. Ich wohnte die Tage vor unserer Abfahrt außerhalb Londons bei Arthur Goodman und seiner Frau. Ich hatte keine Ahnung, wohin wir fuhren und wann wir abfahren würden. Ich hatte leicht gepackt und einen Computer und eine Kamera mit. Bis zu meiner Ankunft in London hatte ich Angst als Abschreckung vor einer Teilnahme an der Gruppe nicht in Betracht gezogen, denn ich war zu sehr von der Vorfreude erfasst, als zu überlegen, was schief gehen könnte. Ich dachte an die vielen Notizen und die Fotos, die ich machen würde. Stattdessen ließ ich meine elektronischen Apparate bei Arthur, damit er sie in die USA zurücksendet, als ich realisierte, dass sie von der Israelischen Verteidigungsarmee (IDF) beschlagnahmt werden könnten, falls wir abgefangen würden.

Bei meiner Ankunft in London überkam mich Furcht, ich begann zu hinterfragen, was ich dort tat. War ich verrückt, mein Leben zu riskieren? Ich wusste, dass am 30. Mai die Mavi Marmara, ein großes türkisches Schiff und Teil der „Gaza Freiheitsflotte", mit Aktivisten aus vielen Ländern an Bord, sich auf den Weg nach Gaza gemacht hatte. Ich wusste, dass die Mavi Marmara von der israelischen Marine im Dunkel der Nacht überfallen und mit Hubschraubern und Kriegsschiffen angegriffen worden war. Neun Passagiere wurden ermordet und viele verwundet. Die Mavi Marmara war danach zum „Immigration Prison" in den Hafen von Ashdod geschleppt worden.

Die Freiheitsflotte sollte die Blockade umgehen, um Hilfsmittel nach Gaza zu bringen, das internationale Bewusstsein für die unmenschlichen Bedingungen in Gaza wecken und auf die Beendigung der Sanktionen und der Besatzung hinarbeiten. Die „Free Gaza"-Bewegung, ist eine internationale Koalition aus propalästinensischen Menschenrechtsorganisationen und Aktivisten, darunter auch zahlreiche jüdische Gruppen, die für die Rechte der Palästinenser kämpfen, unterstützt von Desmond Tutu und Noam Chomsky. Israel hatte geschworen, die Flotille vor dem Erreichen Gazas zu stoppen und die Organisatoren beschuldigt, einen „Akt der Provokation" gegen das israelische Militär zu verüben. Außerdem behaupteten sie, dass ihr Eindringen in die 20-Seemeilen-Blockade von Gaza eine Verletzung des Internationalen Rechts sei.

Um meine Angst in Schach zu halten, redete ich mir selbst ein, dass das jüdische Boot sicher bleiben würde, denn, da wir alle Juden waren, könne sich solch ein Zwischenfall nicht wieder ereignen. Ja, so erklärte ich unsere Sicherheit vom Verstand her.

Arthur, ein Organisator, war Mitglied der „Jews for Justice for Palestine" (JFJPFP), unserer Sponsor-Organisation in London. Diese Gruppe hatte die „Jüdische Stimme" übernommen und konnte genügend Gelder aufbringen, um ein Boot zu kaufen und die Reise nach Gaza zu organisieren. Höchstes Lob gebührt Edith Lutz und Kate Leiterer, den ursprünglichen Organisatoren des deutschen jüdischen Bootes nach Gaza. Sie hatten um den März 2010 herum Glyn Secher gefunden, der die Rolle des Kapitäns zu übernahm. Edith, Kate und Glyn war ursprünglich ein Darlehen einer sozialbewussten Bank versprochen worden, um ein komfortables Segelboot für 16 Passagiere zu kaufen. Enorme Geldbeträge waren für den Kauf zur Verfügung gestellt worden. Glyn, ein britischer Staatsbürger, ist Mitglied der in London ansässigen JFJPFP, eine der größten und einflussreichsten Organisationen, die sich für das Ende von Israels Besatzung der palästinensischen Gebiete einsetzen. Alle drei waren dem Plan wohlgesonnen. Im Mai, als sie das ursprüngliche Segelboot inspizierten, zog die Bank wegen des Desasters der Mavi Marmara ihre Unterstützung zurück. Glyns Organisation und der JFJP Deutschland stimmten zu, dass der JFJPFP London den Rest der Planung übernehmen und ein Boot sichern sollte, da sie mehr Mitglieder hatten und finanziell stärker waren. Glyn fand schließlich einen 20 Jahre alten Katamaran, den er für die Reise renovierte. Er wurde „Irene" genannt, zu Ehren Irene Bruegels, einer Menschenrechtsaktivistin und sozialen Feministin, die den JFJPFP 2001 gegründet hatte, aber im Jahre 2008 verstarb.

Sofort nach meiner Ankunft in Arthurs Haus wurde ich mir der strengen Geheimhaltungspflicht bewusst, die erforderlich war, um zu verhindern, dass die israelische Geheimpolizei unsere Versuche, Gaza zu erreichen, sabotierte. Ich wusste nicht, wo wir einschiffen würden oder wann. Keinerlei Information drang durch. Ich wusste, dass wir 10 Personen an Bord sein würden, darunter vier Passagiere und zwei von der Mannschaft, israelische Verweigerer, die zuvor von der israelischen Navy als Piloten rekrutiert worden waren. Ich fragte mich kurz, ob mein Entschluss, mich der Gruppe anzuschließen, nicht zu spontan war. In meinem späteren Leben habe ich oft aus dem Moment heraus auf eine Art und Weise gehandelt, die für zu impulsiv gehalten werden konnte. Ich fasse Entscheidungen hinsichtlich dessen, was ich tun muss, aus einem intuitiven Bewusstsein heraus. Ich weiß, dass meine Emotionen mich zum Handeln treiben, weshalb ich meine Reaktionen mit Überlegung und Respekt behandeln muss.

Arthur, ein schlanker Mann mittleren Alters, hatte ein entschlossenes Auftreten und beobachtete aufmerksam jede Einzelheit der Fahrt. Er hatte ein Treffen mit der Organisation in London an diesem Nachmittag arrangiert. Paula, seine Frau, war unkompliziert und freundlich und nahm mich unter ihre Fittiche. Sie lebten in einem Reihenhaus mit einem wunderschönen englischen Garten.

Er hatte eine europäische Atmosphäre, mit der ich mich leicht anfreunden konnte. Ich erinnere mich gut an ihre zwei großen, schlanken und höchst ungewöhnlichen und wunderschönen Lurcher Hunde. Arthur blieb für sein Treffen im Zentrum von London und Paula ging, um eine Stunde Kunst zu unterrichten. Arthurs Abschiedsworte, als er das Haus verließ, waren: „Hast du herausgefunden, was du willst?" Obwohl er es als Witz meinte, nahm ich ihn einen Moment lang wörtlich. Allein geblieben, überkam mich Angst und ein Glücksgefühl in Wellen, als ich in den Räumen auf und ab ging. Ich war mir sicher, ich hätte einen riesigen Fehler gemacht. Ich musste nach Hause zurückkehren. Ich rief meine liebe Freundin Connie Hogarth an, Aktivistin mit einer feinen, besonnenen Art zuzuhören und zu beraten. „Connie, ich habe Angst, ich kann das nicht tun", vertraute ich ihr an. Ihre Worte zerstreuten meine Panik. „Du musst das tun, Lillian, und du willst es tun." Ich wusste, dass sie Recht hatte, natürlich. Die geheime Atmosphäre hatte meine Furcht vergrößert. Ich musste einfach abschalten und den Augenblick leben.

Zwei Tage später nahmen Arthur und ich drei Züge zum Flughafen Gatwick und flogen nach Istanbul. Während unserer Wartezeit traf ich andere Passagiere und Organisatoren. Ich war besonders aufgeregt, Edith Lutz kennenzulernen. In Wahrheit war sie es, die wegen meines Platzes auf dem jüdischen Boot verhandelt hat. Edith sollte eine der wichtigsten Aktivistenfreundinnen werden. Ich traf auch Vanessa, die Frau von Glyn Secher. Sie traf uns im Hotel in Nordzypern, als wir auf das Boot warteten, jedoch war sie nicht Passagier. Es gab eine lange Liste der möglichen Passagiere. Bis kurz vor meinem Abflug aus den USA wusste ich nicht, ob ich dabei war. Edith sagte, bei der Übernahme durch die britische Organisation habe es ein Durcheinander gegeben, da immer mehr Menschen mitfahren wollten.

Ich traf Allison Prager, unsere Medienkoordinatorin, die nicht mitfahren konnte, weil sie erkrankt war. So verblieben neun Passagiere. Am Flughafen war auch Diana Neslen, Vorstandsmitglied von JFJPFP. In Zypern war sie enorm hilfsbereit.

Im „European Hotel" in Kyrenia, im türkischen Teil Zyperns, fühlte ich eine Mischung aus Aufregung, Warten und Unkenntnis, wann und wo das Boot landen würde. Ich fand es hier exotisch, mit wenigen – wenn überhaupt – amerikanischen Touristen. Ich schrieb

E-Mails in einem Internetcafé und besichtigte eine alte Festung am Eingang der Altstadt. Ich erforschte die Gegend, saß in einem Café und trank kalten Orangensaft. Ich schrieb in mein Tagebuch (das später von den Israelis beschlagnahmt wurde) und sah einen Strom von schwitzenden Touristen vorbeiziehen. Ich bin die Einzige hier, die nach Gaza segeln wird, dachte ich und war aufgekratzt. Wir werden okay sein, sagte ich mir. Die Israelis würden es nicht wagen, uns, eine kleine Gruppe Juden in einem kleinen Katamaran, zu verletzen. Sie würden nicht wagen, uns nach dem Mord an neun Aktivisten auf der Mavi Marmara im letzten Mai zu verletzen. Mit diesen Gedanken fühlte ich mich sicher, naiv in meinem Glauben, Juden würden keine Juden verletzen. Natürlich war die Kehrseite meiner Freude Angst. Ich erinnere mich daran, dass Hans während eines meiner Aufenthalte in Israel sagte: „Warte ab, Lillian, es wird der schwerste Kampf von Jude gegen Jude werden." Seine Worte kamen mir wieder ins Gedächtnis, als ich überlegte, was es bedeutet, ein Jude zu sein, im Gegensatz zu einem Israeli oder einem Zionisten. Wie unterscheiden sie sich voneinander? Würden zionistische Juden gegen säkulare Juden kämpfen? Würde es eine jüdisch-nationalistische Theokratie sein, ohne Trennung von Religion und Staat gegen säkulare (und vielleicht auch liberalere) Juden? Würde es bedeuten, dass Juden gegen die illegale Besatzung und gegen Israels Geltendmachung der „moralischen Selbstgerechtigkeit" kämpfen, die diktiert, dass ausschließlich Juden Land besitzen dürfen? Was für eine Perversion, dass diejenigen, die töten, als moralisch rechtschaffen dargestellt werden.

Es ist beunruhigend, die wachsende Zwietracht zwischen allen Menschen zu erkennen, die Ideologie und Kriege wählen, anstatt Dialog und Einfühlungsvermögen.

Jetzt wartete ich auf unser Boot „Irene". Im Hotel traf ich Rami und Reuven, Vish, unseren Fotografen aus London, und Eli, den

Journalisten des israelischen Fernsehens, Kanal 10. Diana kümmerte sich um jeden. Sie und Allyson standen in Verbindung mit Glyn und der Mannschaft. Wir anderen wurden im Dunkeln gelassen. Arthur warnte uns, wir stünden unter Überwachung der israelischen Geheimpolizei. Er riet uns, die Akkus aus unseren Mobiltelefonen herauszunehmen und für alle Anrufe Telefonkarten zu benutzen. Ich vermisste Lydia und rief sie an, wobei ich Arthurs Instruktionen ignorierte. Ich tat mich mit Edith und Vanessa zusammen, ging schwimmen, spazierte durch die Stadt und ging wieder zur Gruppe. Das Boot sollte Freitag in Famagusta anlegen. Zu einer anderen Zeit, zwischen 1946 und 1948, wurden von britischen Kolonialverwaltern, die Zypern zu der Zeit beherrschten, Hunderte von Juden in Lagern interniert. Sie versuchten, nach Palästina zu gelangen, damals ebenfalls unter britischer Herrschaft.

„Irene" dockte in Famagusta als Touristenboot mit dem Namen „Sven-Y-To" an, um keinen Verdacht zu erwecken. Zum Glück erteilte uns ein einheimischer Fischer die Erlaubnis, einen seiner Ankerplätze zu benutzen. Famagusta ist jetzt unter türkischer Kontrolle, wohingegen die Häfen im Süden Zyperns unter griechich-zypriotischer Kontrolle stehen. Diese Häfen hatten den Gaza verbundenen Aktivisten im Jahre 2008 – 2009 als Ausgangspunkt gedient, wurden aber von den griechischen Zyprioten gesperrt. Ein williger Hafen und ein sicheres Andocken ließen unsere Gruppe aufatmen. Wir begrüßten Glyn, Itamar und Yonatan mit begeisterten Umarmungen. Mein erster Eindruck von ihnen war, dass es wunderbare und kompetente Männer waren und dass es eine Freude sein wird, mit ihnen zusammen zu sein. Zufällig hatte ich Yonatan ein Jahr zuvor kennengelernt, als er im Connie Hogarth Center For Social Action, im Manhattenville College, sprach. Er hatte über israelische Männer und Frauen gesprochen, über die mutigen „Verweigerer", die nicht länger bereit waren, beim israelischen Militär zu dienen.

Ich war begeistert, seine Geschichte zu hören, da ich nun mit ihm reisen würde. Meine Angst war vergangen, denn nun wusste ich genau, was ich tun musste.

Am nächsten Morgen wurde eine Pressekonferenz mit örtlichen AP-Journalisten organisiert. In aller Welt würde bald die Nachricht von dem jüdischen Boot nach Gaza erscheinen. Später an diesem Tag hatten wir eine Lagebesprechung. Glyn wiederholte unsere Verpflichtung zur Gewaltlosigkeit und zur Bereitschaft zum passiven Widerstand. Das bedeutete, dass wir ausschließlich in Gaza anlegen und im Falle einer Kaperung das Verschleppen der „Irene" in einen anderen Hafen verweigern würden.

Sonntag, als wir die Segel setzen wollten, gab es eine unliebsame Überraschung, die uns Sorgen bereitete. Als wir uns dem Dock näherten, um einzuschiffen, wurden wir vom Anblick der Polizei begrüßt, und Glyn behielt auf Anweisung der Polizei alle unsere Pässe ein. Die Polizei nahm sie mit, und wir fragten uns, wie diese Sache wohl ausgehen würde. Es schien, als ob die Polizei den Verdacht hatte, dass das Boot Gaza ansteuern sollte, trotz aller Geheimhaltung und dem Vorwand, dass das „Sven-Yi-Two"-Boot ein Ausflugsboot ist. Zu viele Touristen hatten uns umringt und zu viel Aktivität hatte durch das Beladen und die Organisation des Bootes stattgefunden. Nach einer fast zweistündigen Diskussion zwischen den Behörden und Glyn erhielten wir unsere Pässe zurück, als Gegenleistung für das Versprechen, nie wieder hierher zurückzukehren. Wir hätten nicht erleichterter sein können, denn wir hatten nicht den Wunsch, zurückzukehren. Schließlich waren neun von uns an Bord. Am Dock jubelten Vanessa und Carol Angier, eine britische Publizistin, die gehofft hatte, uns im letzten Moment doch noch begleiten zu können, mit Arthur, Allison, Diane und etwa einem Dutzend Lokalreportern, die uns alles Gute wünschten und uns auch zujubelten. Die Flaggen wurden herausgehängt, und nach einer kurzen Zeit setzten wir die Segel.

Als Mannschaft und Passagiere waren wir:

Reuven Moskovitz, aus Israel, Gründungsmitglied des jüdisch-arabischen Dorfes Neve Shalom (Oase des Friedens), Holocaustüberlebender. Er spricht Deutsch, Hebräisch und Englisch.

Rami Elhanan, aus Israel. Er verlor seine Tochter Smadar durch ein Selbstmordattentat im Jahr 1997. Er ist Gründungsmitglied von „Bereaved Families Circle of Israelis and Palestinians" (Kreis trauernder israelischer und palästinensischer Familien), die ihre Lieben durch den Konflikt verloren haben. Er spricht Hebräisch und Englisch.

Lillian Rosengarten, USA, Friedensaktivistin, Psychoanalytikerin und Publizistin, Flüchtling aus Nazi-Deutschland. Sie spricht Englisch und Deutsch.

Yonatan Shapira, aus Israel. Er ist Itamars Bruder und Mitglied der Bootsmannschaft. Er ist ein ehemaliger IDF-Pilot und Verweigerer. Er spricht Hebräisch und Englisch.

Itamar Shapira, aus Israel. Yonatans Bruder und ein Mitglied der Bootsmannschaft. Er spricht Hebräisch, Spanisch und Englisch.

Glyn Secker, aus England, Mitglied der „Jews for Justice for Palestine" (JFJFP) und Kapitän des Bootes. Er spricht Englisch.

Dr. Edith Lutz, aus Deutschland, Friedensaktivistin und Krankenschwester. Sie war im Jahr 2008 einer der Passagiere auf dem ersten Boot nach Gaza und bei der bemerkenswerten Landung in Gaza. Sie spricht Deutsch, Englisch, Hebräisch und etwas Arabisch.

Eli Oshcrov, israelischer Reporter von Israels Channel 10 News (israelischer TV-Nachrichtensender)

Vish Vishvanath, Fotograf aus London.

Die Organisation in Gaza, die zu unserem Empfang bereit war, war die palästinensische internationale Kampagne, die Blockade gegen Gaza zu beenden. Der Direktor, ein Psychiater aus Gaza, Dr. Eyad Sarraj, war Berater der palästinensischen Delegation bei dem Camp David-Gipfel im Jahre 2000. Ihm war auch der Physicians for Human Rights Award (Preis der Ärzte für Menschenrechte) verliehen worden, ein wunderbarer Mann des Friedens. Ich konnte nicht anders, als völlig aufgeregt zu sein, als eine Botschaft über das Satellitentelefon hereinkam und uns wissen ließ, dass sie uns erwarteten und für unsere sichere Ankunft beteten.

Ich kann Ihnen nicht sagen, was es für mich bedeutete, auf diesem kleinen Katamaran aus dem Jahr 1970, nur knapp 11m lang, mit diesen Aktivisten solidarisch zusammen zu sein. Wir waren eins in dem Bestreben, Gaza zu erreichen. Das Versprechen der Gewaltlosigkeit unserer Passagiere und unserer Mannschaft erfüllte mich mit Kraft und großem Mut. Wir wollten die Piraten nicht animieren.

Das Boot selbst war klein, aber kompakt. Es gab einen kleinen Raum mit einem Doppelbett, wo Rami und Reuven schliefen. In einem anderen kleinen Raum schlief ich in einer Schlafkoje, während Glyn einen Platz in seinem Schlafsack auf dem Boden hatte. Der Schlaf überkam mich leicht, und ich war dankbar für meinen eigenen Raum. Vish sicherte seinen Platz auf der Bank unserer kleinen Kombüse, die auch als Ausweichmöglichkeit von der Sonne und als Platz zum Entspannen fungierte. Daneben führte eine Stufe hinunter zu einer winzig kleinen, aber gut ausgestatteten Küche. Die anderen schliefen draußen, und einer navigierte immer den Kurs am Steuerrad. Ein kleines Bad mit Spülbecken und Toilette enthielt Instruktionen von Glyn, wie man die Toilette benutzen musste, um Verstopfung zu vermeiden.

Wir schwammen an unserem vorletzten Tag im Mittelmeer.

Teil II

Es war ein glückseliger, sonniger, heißer und herrlicher Tag. Wir sprühten vor Freude und waren glücklich wie Kinder, als wir ins Meer sprangen.

An diesem schicksalhaften Dienstagmorgen, unserem dritten Tag, näherten wir uns den Gewässern von Gaza. Das Wetter war wunderschön, kleine goldene Wellen, die das Licht der aufgehenden Sonne auf dem Mittelmeer widerspiegelten. Es war der Tag, an dem wir Gaza erreichen würden, und wir waren nun in der Nähe der 20 Meilen vor der Küste, aber immer noch in internationalen Gewässern. Wir befestigten die Wimpel, die Edith mit der Hand genäht hatte. Glyn, Edith und ich banden sie an Seile und Schnüre. Stellen Sie sich vor, 42 Wimpel mit 84 Tauben und über 100 Namen von Menschen darauf, die uns begleiten wollten. Wie wundervoll sie aussahen, und was für ein Geschenk der Liebe von Edith.

Bald sahen wir Gewehre und die Kriegsausrüstung auf den Kriegsschiffen, die sich auf uns zubewegten. Ein unwirklicher Anblick. Dies konnte doch alles nicht wahr sein! Ich dachte, ich sähe einen Kriegsfilm. Mehrere kleinere Fregatten kamen zu nahe an uns heran – vorne, hinten und an beiden Seiten. Welche Wahnsinnstat konnte das sein? Einen Moment lang wähnte ich mich auf der Flucht, unser schutzloses Boot mit erschöpften Juden von der Nazi-Marine eingekreist, aber schnell verwarf ich diesen Gedanken wieder.

Seltsamerweise glitt im Hintergrund eine Flotte von vier oder fünf Segelbooten vorbei, als ob sie nichts von dem Umzingeln, das vor sich ging, bemerkt hätten. Wir zogen unsere Rettungswesten an und saßen zusammen mit unseren persönlichen Sachen an Deck. Acht Kriegsschiffe steuerten auf uns zu.

Wir saßen alle zusammen eingehakt und sangen „We shall overcome." Ich hatte Angst. Wir gingen nochmals unsere Strategie des gewaltlosen, passiven Widerstandes durch. Kurz danach erhielten wir einen Anruf von der Fregatte. Man fragte uns nach unserer Absicht. Glyn informierte sie, dass wir den Hafen von Gaza ansteuern wollten und dass wir uns noch in internationalen Gewässern befänden und nicht die Absicht hätten, in israelische Gewässer vorzudringen. Sie antworteten, dass Gaza innerhalb einer verbotenen Zone läge und bestanden darauf, dass wir unseren Kurs ändern müssten. Glyn wiederholte, dass wir im Einklang mit dem Internationalen Recht handelten und dass wir unbewaffnet seien und ohne Material zur militärischen Nutzung. Er sagte ihnen, dass wir eine Hilfslieferung für Gaza an Bord hätten und eine sichere Fahrt erwarteten. Daraufhin warnten sie uns, dass sie uns kapern würden, und das konnte für die Mannschaft gefährlich werden und das Boot beschädigen. Glyn wiederholte, dass sie kein Recht hätten, ein Boot unter englischer Flagge zu kapern, und dass wir beabsichtigten, unseren Kurs auf Gaza beizubehalten. Bald waren sie neben uns, und Itamar sagte ihnen auf Hebräisch: „Wir sind Friedensaktivisten."

Alles, was ich denken konnte, war, warum kamen diese Kriegsschiffe, um an Bord unseres kleinen Katamarans von sieben Juden, die meisten davon in ihren Sechzigern, Siebzigern und Achtzigern, zu gehen? Warum das alles? Welcher Irrsinn brachte diese Soldaten hierher, bis zu den Zähnen bewaffnet mit Tasern (Elektroschockpistolen), Gewehren, hohen Stiefeln, Helmen und Handschuhen, um unser Boot zu übernehmen – im Wesentlichen – um uns zu entführen? Ein Soldat riss unsere wunderschönen Wimpel mit schnellen, wütenden Bewegungen herunter. Er riss auch die britische Flagge herunter. War irgendetwas hiervon legal? Wir drängten uns zusammen in unseren Rettungswesten.

Wenngleich die israelische Presse die Entführung unseres Bootes als „ohne Zwischenfall" beschrieb, entsprach dies trotz unseres des passiven Widerstandes und der Gewaltlosigkeit nicht der Wahrheit. Es war für mich unmöglich, keine Angst zu empfinden. Ich versuchte Menschlichkeit in den Gesichtern der Soldaten zu finden, als sie an Bord kamen, um die Situation zu entschärfen. Sie hatten anscheinend erwartet, dass wir die Grenze ihrer unilateral erklärten Verbotszone überschreiten. Es fühlte sich verrückt an, dass nun eine große Anzahl von ihnen an beiden Seiten gleichzeitig an Bord kam. In diesem Moment stoppte Glyn die Maschinen, und einige von uns setzten sich auf die Zugangsstellen der Schaltungen, um den Neustart der Maschinen zu verhindern. Dann wurde Glyn, der versuchte, so fest er konnte, das Steuerrad zu halten, von drei Kommandos umzingelt. Einer packte seinen linken Arm, ein anderer den rechten. Ein Dritter stand mit einem Taser bereit. Nach einem Kampf gelang es den Kommandeuren, Glyns Hände vom Steuer weg zu ziehen, indem sie ihn auf den Boden hinunterzogen und ihm den Zündschlüssel, den er umklammert hielt, aus der Hand rissen. Ich konnte meinen Augen nicht trauen. Das war ein brutaler Albtraum und völlig unnötig. Die Soldaten mit den stählernen Augen hörten auf, human zu sein, als sie Itamar zu ihrer Fregatte schleppten, seine Hände fesselten und ihn traten, bis er flach auf den Rücken fiel. Yonatan versuchte, den 82jährigen Reuven zu beruhigen, der seine Ruhe verlor, als seine Mundharmonikas zu Boden fielen. Mit einem Herzschrittmacher regte er sich auf und schrie die Soldaten an: „Ihr solltet euch schämen!" Glücklicherweise retteten wir die Mundharmonikas, aber ich glaube, dass es in dem Moment die Mavi-Mörder waren, die weitere Gewalt gegen uns verhinderten.

Und dann stieß einer der „Moralischen" Yonatan zu Boden, zog seine Rettungsweste weg und taserte ihn in der Herzgegend. Seinen markerschütternden Schrei werde ich nie vergessen. Sie zogen seinen bewusstlosen Körper auf die Fregatte. Ich bin sicher, sie hatten Yonatan und Itamar im Visier, weil sie Militärdienstverweigerer sind, die wahren Helden Israels. Die Maschinen sprangen nicht an, da Glyn die Benzinzufuhr so clever blockiert hatte. Nach mehreren vergeblichen Versuchen, die Maschine wieder zu starten, schleppte die IDF das Boot ab. Die „Irene" war so gebaut, dass sie mit einer Höchstgeschwindigkeit von ca. 8 Knoten fahren konnte. Sie schleppten uns durch die raue See mit 12 – 14 Knoten. Das Boot schlug heftig auf das Wasser auf; es war gefährlich, mit dieser Geschwindigkeit zu fahren. Wir bekamen blaue Flecken und Beulen und wurden bei dieser anstrengenden Fahrt nach Ashdod total durchnässt. Außer uns waren acht oder möglicherweise noch mehr Kommandeuren auf dem Boot, so dass es fahrlässig überladen war. Wir befürchteten, dass das Boot auseinanderbrechen würde, weil die gesamte Konstruktion ächzte und knackende Geräusche machte. Es war klar, dass die Kommandeure das Boot schwer malträtierten. Wir saßen total verängstigt in unseren Rettungswesten, aber das wunderbare Boot hielt durch, für uns.

TEIL II

Abgeschoben

Sie schleppten uns nach Ashdod. Es war unerträglich heiß, als wir, vier ältere Juden, unser jüdischer Kapitän und zwei Journalisten aus unserem kleinen Boot in einem Hof zusammengepfercht wurden. Um in den Hof zu gelangen, wurden wir einer nach dem anderen wie Vieh eine steile Mauer aus Steinen hochgezogen. Eine Leiter war gerade entfernt worden (seltsam, aber wahr). Die Sonne brüllend heiß über uns. Als ich mich umsah, war keiner, den ich kannte, zu sehen. Ich war entschlossen, trotz der brutalen Hitze nicht ohnmächtig zu werden. Ich spürte deutlich die Unfreundlichkeit der Wachen, die auf diesem gotterbärmlichen Platz umherliefen. Ich erfuhr später, dass Glyn, unser Kapitän, zu unserem traurigen Boot zurückgekehrt war, das durchsucht – von oben bis unten auseinandergenommen – und mit Drogenhunden durchkämmt worden war. Glücklicherweise konnte er unser Gepäck zurückholen. In weiser Voraussicht hatte Glyn alle Messer und scharfen Gegenstände von der „Irene" ins Meer geworfen, kurz bevor die IDF einen Fuß auf sie setzte.

Nach einer Weile, die mir wie eine Ewigkeit erschien, wurde ich zu einem notdürftig mit einem Zelt versehenen Platz gebracht, um durchsucht und befragt zu werden. Mein Tagebuch wurde beschlagnahmt, und ich wurde einer intimen Körperdurchsuchung und noch mehr Fragen unterzogen, bis ich mich in einem gut bewachten Kleintransporter mit fest geschlossenen Rollos wiederfand. Es war so eine Erleichterung, Edith wieder in dem Lastwagen zu sehen. Ihre Kleider waren immer noch durchnässt trotz der Nachmittagshitze. Sie fragte nach der Toilette und wurde dorthin begleitet. Wir warteten weiterhin.

Edith war hungrig und bat um Nahrung. Uns wurde von wortkargen und kaltherzigen Wärterinnen eine Flasche Wasser gegeben.

Sie brachten trockene Sandwiches, die Edith herunter bekam, aber ich nicht. Wir hatten keine Ahnung, was mit dem Rest der Gruppe geschehen war. Edith und ich wurden nach Holon gebracht, über eine Stunde Fahrtzeit in die Außenbezirke von Tel Aviv. Der Fahrer und sein Begleiter spielten Musik in einer Lautstärke, die unseren Ohren weh tat. Wir baten sie, diese leiser zu stellen, jedoch ohne Erfolg. Alles, was wir tun konnten, war, Israel als psychisch kranken Staat anzuerkennen. Ich erkannte, dass wir von unseren Gefängnisaufsehern nicht als Freunde Israels, sondern eher als Antisemiten oder möglicherweise sogar als Terroristen angesehen wurden. Fünf ältere Juden inhaftiert von Juden. Ich fragte dumm und naiv: „Warum?" Wir wollten Gaza erreichen, und durch unsere Kommunikation mit Eyad El Sarraj als auch mit anderen der Palästinensischen Nicht-Regierungsorganisation hatten wir erfahren, dass Vorbereitungen für unsere Ankunft getroffen worden waren. Hier ist ein wundervoller kleiner Auszug einer Mitteilung, die ich von Dr. Sarraj nach meiner Abschiebung erhalten hatte. Ich zitiere seine Worte:

„Wir müssen auf der Seite der Gerechtigkeit bleiben, mit Toleranz, Liebe und mit Frieden für alle."

Wie wundervoll wäre es, wenn wir in Gaza hätten landen können, um Solidarität durch unsere gegenseitige Menschlichkeit und Vergebung auszudrücken. Um das anzubieten, waren wir gekommen – nicht als jüdische Feinde einer Bevölkerung, die Opfer eines brutalen und rassistischen israelischen Systems wurde, nicht als Juden, die palästinensisches Land mithilfe von Zwang, Gewalt und Besetzung als eigenes Land beanspruchen, und nicht als Juden, die Stolz auf ihre „moralische" Armee ausdrücken, einer Armee, die aufgebaut wurde, um zu vernichten.

Nachfolgend finden Sie Berichte von Mannschaftsmitgliedern

und ihren Familien. Nurit Peled-Elhanan ist die Frau von Rami Elhanan. Sie gab den folgenden Bericht weiter:

„Als Yonatan (Shapira) von der polizeilichen Ermittlung zurückkam, sah er aus, als käme er aus einem Gefangenenlager. Ein langes bleiches entstelltes Gesicht. Es waren dieselben monströsen Soldaten, die die Mavi Marmara angegriffen hatten. Sie waren alle hinter ihm her. Sie schlugen ihn, traten ihn und setzten den Taser bei ihm ein. Die anderen Passagiere erzählten, dass er zitterte und schrie, wie ein verwundetes Tier, aber das Monster, das angegriffen hatte, würde nicht aufhören. Als Rami ihn nach seinem Namen fragte, sagte er: „Geppetto." *(A.d.Ü.: Die Bedeutung entspricht unserem Ausdruck „Ich bin der Kaiser von China".)*

Hier ist die Darstellung von Yonatan und Itamar, die sie eine Stunde, nachdem sie zu ihren Familien in Israel zurückgekehrt waren, abgaben:

„Die israelischen Medien werden durch Militärpropaganda beherrscht. Sie behaupten, dass die Übernahme des Bootes nicht gewalttätig und ruhig auf beiden Seiten gewesen wäre – aber das, was sich wirklich ereignete war, dass die Insassen des Bootes nicht gewalttätig waren, wohl aber die israelische Marine, die sehr gewalttätig war.

Bei Sonnenaufgang, ca. 35 Meilen vor der Küste, stoppten wir die Motoren und hingen die Wimpel und die Banner der Organisation auf – das Boot sah so hübsch aus! Dann drehten wir gen Süd-Osten und fuhren in Richtung Hafen Gaza. Der Filmemacher Vish und der Journalist Eli nahmen die Jolle und machten Standbilder und ein Video vom Boot. Alle waren aufgeregt, als wir an Deck standen und der ruhigen Reise, die wir gemacht hatten, Lebewohl sagten. Wir wussten, dass wir bald abgefangen werden würden, deshalb nutzten wir die Zeit zur Lagebesprechung. Wir hielten uns alle an den Händen, besprachen die Regeln des Bootes und legten Strategien fest, wie wir mit der Marine umgehen wollten.

Als wir ca. 20 Meilen außerhalb Gazas waren, entdeckten wir nördlich von uns ein großes Kriegsschiff. Zu dieser Zeit war es noch ziemlich weit entfernt, weshalb wir den Kurs beibehielten. Als das Kriegsschiff näher kam, grüßten sie uns und sprachen mit Glyn, unserem Kapitän. Sie sagten, dass wir in eine durch eine Ölplattform gesperrte Zone gelangt wären. Als Reaktion darauf änderte die Irene leicht ihren Kurs. Dann sahen wir vor ihnen ein anderes kleineres Schiff. Als das Kriegsschiff näher heranfuhr und parallel zur „Irene" zog, verblieb das kleinere Schiff auf seiner Position. Wir entdeckten eine Anzahl kleinerer Schiffe, die von Osten auf uns zukamen. Die Marine rief uns wieder an und fragte, was unsere Absicht sei – wir antworteten, dass wir Gaza ansteuern wollten.

Die Marine antwortete mit haargenau der gleichen Erklärung, die sie abgegeben hatte, bevor sie die Mavi Marmara angegriffen hat:

„Sie dringen in ein Gebiet ein, das unter einer Militärblockade steht und nach internationalem Recht gesperrt ist."

Itamar war beauftragt, mit der Marine zu kommunizieren, und antwortete mit unserer eigenen Erklärung in Englisch und Hebräisch:

„Wir sind ein Boot der europäischen Organisation *Jews For Justice For Palestinians*. Wir sind unbewaffnet und nicht gewalttätig und entschlossen, zum Hafen von Gaza zu gelangen. Sie erzwingen eine ungesetzliche Blockade, und wir erkennen ihr Recht, dies zu tun, nicht an. Auf diesem *Jews For Justice For Palestinians*-Boot sind Friedensaktivisten jeden Alters, unter uns sind Holocaust-Überlebende, hinterbliebene Eltern und Israelis, die sich weigern, mit der illegalen Besatzung Palästinas zu kollaborieren."

Wir warteten darauf, dass sie bestätigten, was sie gehört hatten.

Die Marine wiederholte ihre Meldung auf Hebräisch – dann starteten die Boote und kamen plötzlich von allen Seiten. Acht Militärboote umkreisten uns – drei oder vier der Schiffe hatten Kanonen.

Wir riefen die Soldaten auf, die Befehle zu verweigern:

„Wir fordern euch IDF-Soldaten und Offiziere auf, die unrechtmäßigen Befehle eurer Vorgesetzten zu verweigern. Zu eurer Information, gemäß internationalem Recht ist die Besetzung Gazas und der palästinensischen Gebiete rechtswidrig; deshalb riskiert ihr, vor dem Internationalen Gerichtshof angeklagt zu werden. Sowohl die Blockade, als auch die Besetzung ist unmenschlich und widerspricht universellen und jüdischen moralischen Werten. Setzt euer Gewissen ein. Denkt an unsere eigene qualvolle Geschichte. Verweigert, die Blockade zu erzwingen. Weigert euch, Palästina zu besetzen."

Itamar verlas dies im Radio auf Hebräisch und Englisch ein paar Mal, bevor die Boote auf uns zukamen. Alle waren vorbereitet und hielten sich die Hände, für die Kaperung bereit. Vish war vorne, um Fotos zu machen und alles zu filmen.

Über 100 Soldaten waren auf den Militärbooten rund um unser Boot. Zwei kleine Boote mit Kanonen zogen an beiden Seiten auf, beschimpften und bedrohten uns durchs Megaphon und kamen immer näher auf uns zu. Glyn, der Kapitän, blieb ruhig und hielt sich genau an unsere Abmachung: unbeirrt auf Kurs bleiben und die Marine zu ignorieren.

Das Militär sprach mit Itamar direkt und machte klar, dass er für den Schaden verantwortlich sei, der auf uns zukäme, und das Risiko, das wir auf uns nähmen, wenn wir nicht den Kurs änderten. Ziemlich schnell hatten wir erkannt, dass sie jeden Moment an Bord kämen. Die kleinen Boote kamen ganz nahe an uns heran, und dann sprangen die Soldaten der nördlichen Seite an Bord.

Itamar: „Als ich mit dem Marineboot sprach, das mit etwa 20 bewaffneten und muskulösen Marinesoldaten neben uns kreuzte, war ich zum x-ten Male in meinem Leben darüber verblüfft, wie die Armee die Realität für sich selbst und uns darstellt. Sie bestanden darauf, dass ich persönlich für die Gewalt verantwortlich war, die angewandt werden könnte, falls wir nicht gehorchten und sie ‚gezwungen' wären, unser kleines Boot zu entern. Ich versuchte ihnen zynisch zu zeigen, wie lächerlich es ist, so viele bewaffnete, starke und durchtrainierte Soldaten einzusetzen, um ein Boot mit neun unbewaffneten Menschen zu entern, von denen sich die meisten noch an den Zweiten Weltkrieg und an die Zivilrechtsbewegung in den Sechzigern erinnern und die Gewaltlosigkeit auf ihre Fahnen geschrieben haben. Wie können sie uns für ihre Gewalt verantwortlich machen? Ich erinnerte sie an den Holocaust-Überlebenden und die hinterbliebenen Eltern an Bord und daran, dass wir auf keine Konfrontation mit ihnen aus wären. Ich glaube, das machte sie wütend, aber reduzierte ihre mögliche Gewalt gegenüber den meisten Passagieren, mit Ausnahme von Yonatan und mir. Es ist sehr wichtig, daran zu erinnern, dass die israelische Armee in der vergangenen Woche zwei Fischer aus Gaza getötet hat, weil sie „zu nahe" an dem waren, was die IDF zur Grenze der Blockade bestimmt hat. Die Medien haben dies kaum beachtet. Deshalb muss ihre Gewaltanwendung uns gegenüber ins Verhältnis dazu gesetzt werden."

Yonatan: „Bei der Militäraktion habe ich mit Al Jazeera gesprochen, aber ich bin nicht sicher, was sie davon mitbekommen haben oder was davon ausgestrahlt wurde, da sie gerade auf Sendung waren, als mein Handy beschlagnahmt wurde.

Die Soldaten griffen Itamar an und nahmen ihn mit zu ihrem Boot. Andere Soldaten stießen Glyn vom Ruder. Die restlichen Passagiere hielten sich an den Händen und sangen: „We shall overcome." Ich glaube, Reuven hat auf seiner Mundharmonika gespielt!"

Teil II

Itamar: „So wie ich verstanden habe, waren mindestens zwei Soldaten abkommandiert, um alle Aufzeichnungsgeräte zu kassieren. Der Israel-Kanal „10-Reporter" stand neben mir, und einer der Soldaten riss ihm einfach seine Kamera aus der Hand. Ich nahm die Kamera zurück, ohne den Soldaten zu berühren, hielt sie hinter meinem Rücken und weigerte mich, sie den Soldaten auszuhändigen. Der Soldat rief einen anderen und gemeinsam versuchten sie, mich durch Armverdrehen und unter Beschimpfungen fortzubewegen und nach der Kamera zu greifen. Als ihnen dies nicht gelang, baten sie ihren Kommandeur um die Erlaubnis, mich festzunehmen. Vier von ihnen zogen mich zum Militärboot und zwangen mich auf den Boden des Bootes, um mir Handschellen anzulegen. Ich gab nicht auf, bis einer von ihnen seine Finger tief in die Arterie in meinem Hals bohrte, dann hörte ich Yonatans markerschütterndes Geschrei und sah, wie er, durch den elektrischen Schock, den man ihm versetzte, die Kontrolle über seinen Körper verlor. Ich schrie Rami zu, die Kamera in den Maschinenraum des Bootes werfen. Yonatan wurde zum Militärboot gebracht, auf dem ich bereits war. Man legte uns beiden Handschellen an und brachte uns zu einem großen Schiff.

Während wir uns an den Händen hielten und sangen, begannen die Soldaten alles zu beschlagnahmen. Zu dem Zeitpunkt saß ich auf dem Boden des Bootes, schlang meine Arme um Glyn und Reuven und versuchte, das Risiko für sie zu verringern. Dann setzte ich mich zu Rami. Auf jeder Seite drehte einer der Passagiere die Maschinen ab, damit die Armee das Boot nicht an eine andere Stelle steuern konnte."

Yonatan: „Soldaten näherten sich mir und Rami auf dem Boot. Sie schienen mich mit zu einem Marineboot nehmen zu wollen. Rami und ich schlangen die Arme umeinander – die stärkste Umarmung, die ich jemandem jemals gegeben habe!

Der Offizier kam auf uns zu, zog seinen Taser heraus und befahl uns, mit dem Festhalten aufzuhören. Der Soldat drohte, wenn ich nicht losließe, würden sie mich verletzen. Dann taserten mich die Soldaten an meiner rechten Schulter und schossen zweimal. Es tat sehr weh – aber nicht so weh, wie der nächste Schuss, bei dem er meine Rettungsweste wegzog und die Waffe direkt auf meine Brust setzte und feuerte. Ich verlor die Kontrolle über meinen Körper und verkrampfte mich vor Schmerzen und stieß einen schrillen Schrei aus. Dann schleppten sie mich auf eins ihrer Boote.

Itamar und ich fuhren in dem großen Kriegsschiff nach Ashdod, was einige Stunden dauerte. Wir sahen, wie unser Boot zum Hafen gezogen wurde. Wir sahen die Protestierenden, Freunde, Familie und Unterstützer, die seit dem Morgen am Strand auf uns gewartet hatten, sowie ein Boot von Kameraleuten, die versuchten, zu uns zu gelangen, jedoch abgefangen und gezwungen wurden, in den Hafen zurückzukehren.

Jeder von uns musste eine intime Leibesvisitation über sich ergehen lassen – sie betasteten mich ziemlich intim. Irgendwann wurden wir zu einer Polizeistation in Ashdod gebracht und sahen mehrere Demonstranten, die dort auf uns warteten."

Yonatan: „Der Aufenthalt in der Polizeistation dauerte mehrere Stunden. Sie befragten Rami, Reuven, Itamar, Eli und mich. Wir alle wurden des Versuchs beschuldigt, eine unrechtmäßige Sperrzone zu durchbrechen, während Rami, Itamar und ich auch noch beschuldigt wurden, die Soldaten bedroht, beschimpft und angegriffen zu haben. Wir wurden alle gegen acht Uhr abends entlassen. Es war ein Schock, so brutal angegriffen zu werden, während wir uns umarmten und sangen – die Soldaten beschimpften uns, schüttelten und stießen uns. Wir waren geschockt, von der Armee zu hören, die Übernahme sei friedlich erfolgt.

Es gab Gruppen israelischer Medien, auch Leute von Reuters und ein paar andere, die auf uns vor der Polizeistation warteten. Wir beantworteten ihre Fragen, dann nahm Reuven seine Mundharmonika heraus und spielte ein wunderschönes jüdisches Lied über Menschen, die nach Frieden streben. Alle, die um uns herum standen, machten mit. Als wir zusammen sangen, kamen Leute vorbei, die brüllten: „Tod den Arabern!"

Wären wir keine Juden und Israelis, dann hätten wir sehr viel weniger Chancen gehabt, lebend herauszukommen. Ich grüße und danke allen für die Unterstützung, Liebe und die Bemühungen, uns zu helfen."

Anmerkung:

Nachdem Yonatan mit dem Taser beschossen wurde, erhielt er keine medizinische Hilfe. Man entließ beide gegen Kaution von 5000 NIS (israelische Schekel), mit der Auflage, zur weiteren Befragung oder zur Entscheidung des Gerichts zurückzukehren. Die Anklagen wurden jedoch später fallengelassen.

Obwohl ich hin- und hergerissen war, Edith alleine dort zu lassen, wählte ich die Abschiebung. Ungern wäre ich bereit gewesen, wenn sie es nicht gewollt hätte, aber sie ermutigte mich, fortzugehen. Der Abschiebeprozess war demütigend. Jude gegen Jude, gespalten, einer gegen den anderen. Es schmerzt mich, Israel in dieser Weise zu beschreiben. Einst hatte ich eine offene Gesellschaft erhofft, in der jeder, der irgendwo verfolgt oder gejagt worden war, frei und ohne Angst zusammen leben kann.

Nun wurden wir behandelt wie Verräter, die man loswerden will. Ich wurde inhaftiert, meine Fingerabdrücke wurden erfasst, und ich wurde fotografiert. Ich spürte die Verachtung derer, die mich bewachten. Ein junger Offizier verhörte mich wie eine Kriminelle. „Sind Sie Jüdin?", fragte er abgestumpft und angewidert. War dies das Nazi-Zeitalter? Würde ich einen gelben Stern bekommen, um ihn auf meinen Mantel aufzunähen? „Ich bin ein Flüchtling der Nazis", sagte ich. „Ich gehöre zur letzten der Generation, die die Geschichte erzählen kann." Glaubte er mir? Hörte er mir zu? Er fragte wieder: „Sind Sie Jüdin?" Ich wollte antworten, aber meine Worte blieben mir im Halse stecken: Müssen Sie eine Nummer auf meinem Arm sehen, um mir zu glauben? Müssen Sie mir Blut abnehmen, um mich als Jüdin zu registrieren? Können Sie die Religion der Menschen an ihrer Blutgruppe erkennen oder sollte sie vielleicht auf meine Stirn gestempelt werden? So, was, wenn ich es bin? War er jüdisch? Spielte es eine Rolle, was meine Ethnie oder Religion war? Was, wenn ich Palästinenserin wäre? Würde ich für die nächsten 30 Jahre meines Lebens ohne Verurteilung in einem Gefängnis verbringen?

Ich wusste, ich würde mich in diesem elenden und gefährlichen Land niemals wieder sicher fühlen.

Mir wurde gesagt, ich könne nach Hause zurückkehren, wenn ich ein Formular unterzeichnete, das besagte, ich solle ausgewiesen werden, weil ich mich illegal in Israel befände. Ich fragte mich, warum ich das nicht monierte, hatte aber erst später Zugang zu einem Rechtsanwalt. Glyn, von mutiger Überzeugung, stimmte nicht zu und unterschrieb nicht. Er wollte das israelische Recht nicht anerkennen, das eine Blockade als Grund für die Abschiebung geschaffen hatte. Er stellte die Rechtmäßigkeit dieser Behauptung in Frage und konnte sogar dem Inspektor ins Gesicht lachen, etwas, das mein Naturell mir nicht erlauben würde. Als ihm gesagt wurde, er könne dem Formular einen Kommentar hinzufügen und eine Fotokopie erhalten, fügte er eine Klausel hinzu, die besagte, dass er die legale Grundlage für eine Abschiebung nicht anerkenne, weil sie für das internationale Recht nicht von Bedeutung ist. Ich dachte, er sei tapfer und smart, ich dagegen ein Feigling, weil ich so schnell unterschrieben hatte. Ich jedoch war nicht fähig, solch eine Klausel zu formulieren, und habe deshalb kapituliert. Damals war ich einfach nicht stark genug gewesen. Die einzige andere Person im Raum mit mir war Edith, die sich ebenfalls entschieden hatte, nicht zu unterschreiben, sondern sich aus Protest inhaftieren zu lassen. Irgendwann traf ich einen Anwalt, Smadar Ben Natan, den die JFJFP und das US-Konsulat organisiert hatten. Ich ging in den Raum und brach in Tränen aus. Man hatte Lydia kontaktiert und sagte ihr, ich sei sicher. Mir wurde versichert, dass sie dabei seien, alles, was in ihrer Macht stand, zu tun. Ich war erleichtert. Immer noch war ich um Edith besorgt, aber mir wurde versichert, dass auch sie einen Anwalt bekäme, der sie vertritt.

Sofort danach nahm ich mein Gepäck und wurde zu dem Detention Center am Ben Gurion Flughafen gebracht. Glyn und Vish begrüßten mich mit Erleichterung. Wieder einmal erhielt ich eine ausführliche Leibesvisite und begann, wütend zu werden. Das Gepäck war immer wieder inspiziert worden. Was hofften sie in meinem Rucksack zu finden? Wie konnten diese kleinen Hirne sich auf solche verrückte Durchsuchungen Tag für Tag einlassen? Es war absurd. Ich versuchte, Menschlichkeit in ihrem Verhalten zu finden, aber ich sah nur Automaten. Begleitet von Bewachern, wurde ich zu einer Zelle geführt und hineingestoßen und die mit einem kleinen Guckloch versehene Metalltür wurde zugeknallt. Ich war durstig und wurde von Erschöpfung übermannt. Der feuchte graue Raum hatte ein mit Gittern verriegeltes Fenster. Es roch übel. Es gab ein Spülbecken, eine Toilette, eine schmutzige Dusche, einen Tisch, einen Stuhl und ein Hochbett. Ich setzte mich auf den Stuhl, isoliert, alleine und erschöpft. Ich benutzte die Toilette und wurde dabei beobachtet. Es gab keine Privatsphäre. Ich musste mich nur ein paar Minuten lang hinlegen, da mich die Müdigkeit übermannte. Ich zog eine schäbige, zerfetzte Decke über mich und erwachte um 4 Uhr morgens, verwirrt, und ich wusste nicht, wo ich war.

Aus meiner Zelle wurde ich von zwei sehr unfreundlichen Bewachern in einen Wagen verfrachtet. Ich hatte meinen Pass nicht mehr. Ich erinnerte mich vage an eine Flasche Wasser und vielleicht Brot und Käse oder eine Art Nahrung, bevor ich aus der Zelle geholt wurde. Ich entsinne mich nicht mehr, ob ich hungrig war oder nicht. Es schien keine Rolle zu spielen. Ich wurde in den Wagen gestoßen und zum Flugzeug gefahren. Ich sah mich plötzlich um und bemerkte einen ängstlich blickenden großen Schwarzen mit gefesselten Handgelenken. Auch er auf dem Weg zu seiner Ausweisung. Kein Wort wurde gesprochen, obwohl ich mich nach Kontakt sehnte. Ich wandte mich um, und als unsere Augen sich trafen, berührte ich kurz seine Hand als Geste der Solidarität. Die Ketten um seine Fußknöchel fand ich abgestoßen. Der Wagen stoppte direkt neben seinem Flugzeug, und ich beobachtete, wie seine Ketten abgenommen wurden. Was hatte er getan, dass man ihn so behandelte? Ich fühlte Scham gegenüber der Unmenschlichkeit „meines" Volkes, das keinerlei Ähnlichkeit mit meiner Vision einer zivilisierten und demokratischen Gesellschaft hatte. Ich wurde zu einer El-Al-Maschine gefahren, die Stufen heraufgebracht und von einer freundlichen Stewardess begrüßt, während mein Bewacher ihr meinen Pass reichte. „Willkommen an Bord." Sie lächelte und brachte mich zu einem Sitz vorne im Flugzeug. Mein Pass wurde nicht zurückgegeben, bis wir in New York ausstiegen.

Es ist eine schwierige Frage, wie ein einst gejagtes Volk zum Jäger werden kann, wie Opfer zu Tätern werden können. Israels Hardline-Zionisten haben ihre Menschlichkeit verloren, und Israels Dichter müssen über den Tod schreiben, denn Liebe kann in Gegenwart von Rassismus und Apartheid nicht leben.

TEIL II

„Ich und die Öffentlichkeit wissen, was alle Schulkinder lernen, diejenigen, denen Böses widerfährt, geben Böses."

Von W. H. Auden, 1. September 1939

Gaza

Ich versuchte, zweimal nach Gaza zu fahren. Das erste Mal hatte ich gehofft, mit Edith zusammen dorthin fahren zu können. Dann brach der Aufstand des Arabischen Frühlings aus. Ich empfand einen wilden Nervenkitzel dabei, diese momentane Zeit zu beobachten. Ägypter aller Gesellschaftsschichten reagierten auf eine Bewegung der jüngeren Generation, die sich mutig für Reformen einsetzte und die Abdankung von Mubarak und seinen Anhängern verlangte. Die Kapazität für Massenkommunikation via Twitter und Cyber-Botschaften demonstrierten die Macht des Internets, Protestbewegungen zu organisieren. Zensur und Täuschung nach Jahrzehnten der Diktatur konnten nicht länger toleriert werden. Der Aufstand war so phänomenal, dass ich inbrünstig hoffte, er würde den Kurs für Ägypten ändern und es in Richtung einer offeneren und gerechten Gesellschaft treiben. Selbstverständlich träumte ich davon, eine erfolgreiche Revolution könne eine starke Bewegung unterstützen, um Gaza zu befreien. Die USA haben lange genug die rechten Regierungen unterstützt und sind nicht bekannt dafür, hinter sozialen Revolutionen zu stehen. Korrupte Diktatoren verbergen Verstöße unter dem dünn verhüllenden Schleier der „Demokratie". Das Wort hat jegliche Bedeutung verloren und wird eine Metapher für Besatzung, Korruption und das Unterminieren von sozialer Veränderung.

Da die „Irene" von der IDF im September 2010 entführt worden und zum israelischen Einwanderungsgefängnis abgeschleppt worden war, wurde unser Ziel, Gaza zu erreichen, umgeworfen. Ich plante, am 21. Februar 2011 erneut nach Gaza zu reisen, mit der Absicht, das Bewusstsein zu wecken und Unterstützung von der Außenwelt zu erzielen. Ich musste in meiner Erinnerung die Agonie des Volkes dokumentieren, das in einem Freiluftgefängnis lebt und das zwei Wochen von ununterbrochenen Bombenangriffen während der Operation Cast Lead (Gegossenes Blei) von 2008 – 2009 ausgeharrt hat. Ich musste nach Überlebenden suchen, nach Hoffnung inmitten von Schichten der Zerstörung durch Bomben, Raketen und chemischen Waffen. Der Horror spiegelte sich in den Augen der Kinder wider. Einige waren eingeschüchtert, einige stumm und andere erzählten von Terror, Albträumen, Tod und Gewalt. Ich muss die Zerstörung der Infrastruktur, der Wassersysteme, Krankenhäuser und Schulen bezeugen und persönlich mehr verstehen, woher Hoffnung kommt. Aufgrund des Aufstands wurde die Grenze in Rafah geschlossen und nur in sporadischen Intervallen geöffnet. Da wir nicht sicher waren, dass wir die Erlaubnis bekämen, Gaza zu betreten, verschoben wir unsere Reise.

Dann klopfte die Gelegenheit im Oktober 2011 wieder an die Tür. Ein Freund lud mich ein, mich einer deutschen Delegation nach Gaza anzuschließen. Wir waren 10 Personen, alle deutsch, und ich war wieder einmal die einzige Amerikanerin. Ein Mitglied der Gruppe war Wiltrud Rösch-Metzler, stellvertretende Präsidentin von Pax Christi (Deutschland), einer internationalen, katholischen NGO- Friedensbewegung mit Interesse an dem Nahen Osten. Sie schrieb in der Jerusalem Post ein Jahr später, 2012: „Ich kaufe keine Waren mit Ursprungsland ‚Israel', weil unter diesem Label Produkte sein könnten, die aus den Siedlungen kommen." Wiltruds Botschaft war besonders wichtig, denn Kritik an der israelischen Politik wird in Deutschland nicht sehr toleriert.

Zu unserer Gruppe gehörten drei Männer, die Passagiere auf der Mavi Marmara waren. Ich fand es unglaublich, dass vier aus einer Gruppe Passagiere auf Segelbooten waren, die die Absicht hatten, die Blockade von Gaza zu brechen. Es waren: Matthias Jochheim, Psychiater und Aktivist aus Frankfurt, Norman Peach, Professor jur. im Ruhestand, progressiver Aktivist und Mitglied des Bundestages bis 2009, Hamburg, und Nader El Sakka, geboren in Gaza und Präsident der palästinensischen Gemeinde in Hamburg, wo er heute lebt. Es war Naders erste Rückkehr nach Gaza, seitdem er als Kind ausgereist war, und es war eine hochemotionelle Erfahrung. Seine Familie in Gaza waren früher wohlhabende Landbesitzer und Geschäftsleute. Wir besuchten ein ödes Gebiet, das einst seiner Familie gehört hatte – zig Morgen Ackerland. Heute nur Ödland und leblose, kleine Überbleibsel von dem, was zuvor einmal eine Wand gewesen sein könnte, und eine gewölbte Tür war alles, was von einer Familienmoschee stehen geblieben war, die einst ein freudvoller Ort für Versammlungen und Gebete war. Die Steine, die nun lose aufgestapelt und verloren in der sengenden Mittagshitze da lagen, waren Mahnmale einer brutalen Geschichte. Nader war nach „Hause" zurückgekehrt und weinte über seine verlorene Vergangenheit. Viele seiner Angehörigen leben auch heute noch in Gaza. Wir trafen sie in ihrem bewachten Haus, aßen auf der Veranda zu Mittag und beobachteten Naders Versöhnung mit seiner Mutter, seinen Schwestern und Brüdern. Ein anderer Bruder war mit seiner Familie, die nun in Kanada lebt, auch zum Familientreffen nach Gaza gekommen. Der Rest der Gruppe hatte sich in Hamburg getroffen.

Wir trafen uns alle in einem bescheidenen Hotel in Kairo. Die Pyramiden und die Sphinx, die auf meiner Agenda der Sehenswürdigkeiten, die ich besuchen wollte, standen, ähnelten in keinster Weise dem, was ich mir in meiner Fantasie vorgestellt hatte. Stattdessen tappte ich in eine Touristenfalle. Um zu den Pyramiden zu gelangen, riet man uns, ein Kamel oder ein Pferd sowie einen Führer mit einem Jungen, der das Kamel führt, zu buchen. Obwohl sie nicht weit entfernt waren, war es für uns zu heiß und zu schwierig, durch das rote sandige Terrain dorthin zu gehen. Auf einem Kamel zu reiten war nicht besonders erfreulich, da eine meiner Sandalen

TEIL II

verrutschte und das Kamel entschied, sich zu setzen. Es kostete einige Mühe, das Tier wieder vorwärts zu bewegen. Ich kam vor Hitze auf diesem seltsamen muffigen Lasttier fast um. Die Endkosten hierfür betrugen für jeden von uns 80 US-Dollar. Ich rechtfertigte das in dem Bewusstsein, dass die Menschen damit ihren Lebensunterhalt verdienen mussten. Es gibt einen Grund, weshalb ich diese Geschichte über die Pyramide erzähle, denn dieses Mal hatte ich versäumt, einen Termin wahrzunehmen, den ich in den Staaten organisiert hatte.

Ich sollte bei dem Konsulat in Kairo von dem American Citizen' Service (amerikanischer Bürgerservice) ein eidesstattliches Versicherungsdokument (Affidavit) erhalten, um meine Einreise nach Gaza zu beschleunigen. Ich weiß nicht, wie ich das vergessen konnte, und sollte später für meine Nachlässigkeit am Rafah-Gate bezahlen.

Immer noch in Kairo, besuchte ich den Tahrir Platz, ging am Nil entlang und durch das Botschaftsviertel. Bei der israelischen Botschaft, nun evakuiert, war ein erheblicher Schaden entstanden. Tausende waren kürzlich vom Tahrir Platz aus zu einem Protestmarsch aufgebrochen, um ihre Frustration über den ausbleibenden Wandel und über die permanente Gewaltanwendung durch Ägyptens Generäle auszudrücken. Verschiedene Protestler hatten eine Mauer durchbrochen, die die Botschaft schützen sollte, und drangen in das Gebäude ein. Sie warfen Ordner aus dem Fenster, verbrannten eine israelische Fahne und ersetzten sie durch ägyptische und palästinensische Fahnen.

Nader organisierte einen Mietwagen für die sechsstündige Fahrt von Kairo nach Rafah. Die Tore würden nur bis nachmittags geöffnet sein. Um 17:45 Uhr standen wir immer noch am Übergangstor, völlig ausgelaugt. Die anderen hatten die Einreiseerlaubnis erhalten. Ihre Dokumente, die zusammen ausgestellt wurden, waren alle in

Ordnung. Ich war diejenige, die nicht einreisen konnte, und ich war außer mir. Ich brauchte das fehlende Zertifikat und versuchte verzweifelt, die Botschaft von meinem Handy aus anzurufen. Aber es funktionierte nicht. Zwar hatten die anderen Verständnis für meine Lage, dennoch waren sie bereit, ohne mich zu fahren. Ich bettelte den Sicherheitsbeamten an, der kein Englisch verstand. Deshalb lief ich zu Nader, der bei den anderen stand, zog ihn mit zu dem ägyptischen Offizier im Dienst und bat ihn, das, was ich sagen wollte, zu übersetzen. Ich sprach mit viel Emotionen, und Tränen rannen über mein Gesicht. Ich sagte: „Ich war auf dem jüdischen Boot und konnte nicht nach Gaza. Ich bin Jüdin und will meine Solidarität für den palästinensischen Freiheitskampf ausdrücken. Ich wurde von der israelischen Marine verhaftet, nach Israel verschleppt und hinausgeworfen, deportiert. Jetzt kann ich wieder nicht nach Gaza, nur wegen einem Stück Papier. Ich gehöre nirgends dazu, weder zu den Israelis, noch zu den Palästinensern." Zu meiner riesigen Erleichterung erhielt ich die Erlaubnis, einzureisen.

Ich hatte einen großen Seesack voller Spielzeug für die Spieltherapie mitgebracht: Puzzles, Bücher, kleine Spielzeugsoldaten, so viel, wie in den Sack passte, um es dem Gaza Mental Health Center zu spenden, das traumatisierte Kinder behandelt. Ich hatte mit einem Verwalter des GMHC Kontakt aufgenommen, um zu erfahren, was benötigt wurde. Bald sah ich diesen traurigen Ort, genannt Gaza, wo die Mehrheit der Bevölkerung in einer verwahrlosten Hölle lebt, mit meinen eigenen Augen.

In den Flüchtlingslagern sind Kinder überall. Sie spielen im Schutt der aschigen Erde. Ihre wunderschönen Gesichter verfolgen mich. Über 50% der Bevölkerung in Gaza ist unter 18. Es gibt ein paar alte Menschen. Ich erfuhr durch Gespräche, dass der körperliche Missbrauch in Familien alltäglich ist. Harte, schlechte Bedingungen und der Mangel an Arbeitsgelegenheiten erzeugen

Teil II

Wut und Hoffnungslosigkeit. In dem Ghetto sind die Familien über Generationen hinweg rassistischer Missachtung des menschlichen Lebens und einer außergewöhnlich brutalen Form von Kollektivstrafe ausgesetzt. Es gibt noch eine andere Seite des palästinensischen Kampfes in Gaza: engagierte Männer und Frauen, die Seite an Seite im medizinischen Bereich, der Bildung, Sozialarbeit, Erziehung, Rechtswesen und Bauwesen arbeiten. Als Folge von zu vielen traumatisierten Generationen ist der Stolz und die Hoffnung auf Frieden etwas, das man sehen kann. Sie leben Seite an Seite mit Hoffnungslosigkeit, Tod und Zerstörung. Ich traf noch vielmehr Experten, sowohl Frauen als auch Männer, als ich mir je vorgestellt hatte, dort zu treffen – Rechtsanwälte, Menschenrechtsaktivisten, Politiker, sowohl von der Fatah als auch von der Hamas, Ingenieure und Professoren. Ich traf auch viele Menschen durch die NGOs (Nicht-Regierungsorganisationen), die Gastgeber unserer Gruppe waren.

Palästinenser in Gaza sind würdige Menschen, und Augenzeugin sowohl bei ihrem Leid, als auch bei der Arbeit zu sein, die sie für die Gemeinschaft leisten, übersteigt alles, was ich je gesehen habe. Es bleibt eine moralische Frage: „Wie kann der Westen Jahrzehnten der Brutalität und Bestrafung mit Schweigen, Komplizenschaft und Furcht begegnen?"

Das, was mit jeder neuen Generation zerstört wird, ist die Hoffnung, dass die Kinder ohne Krieg und Hass leben können. Das Leben in Gaza findet, isoliert von der Außenwelt, in einem Käfig statt. Zitrusbäume wurden ausgerissen, Blumen werden nicht mehr exportiert, auch kein Gemüse, keine Früchte, keine Oliven. Zuvor waren dies florierende Exportartikel. Seit 2000 zerstörte die israelische Armee 114.000 Olivenbäume. Der Rest wurde durch die katastrophale „Operation Gegossenes Blei" zerstört. Landwirtschaft ist nun schwierig und in einigen Gebieten unmöglich. Vieles in Gaza gleicht einem Kriegsgebiet, Einschussstellen sind an allen

Seiten der Häuser zu sehen. Dem Gebiet mangelt es an ordentlichen Abwasserpumpen. Die Gewässer des Mittelmeers werden mit ungefiltertem Abwasser infiziert. Eine Drei-Meilen-Grenze wird streng von der israelischen Marine bewacht (derzeit auch von der ägyptischen Marine), was die einst blühende Fischindustrie völlig zerstört hat. Nachdem die Kläranlagen zerstört worden waren, wurde 2010 ein Projekt initiiert, um die Abwasseranlagen der Küste wieder aufzubereiten. Weil Israel keinen Zement durchließ, wurde das Projekt gestoppt. Mit Hilfe der NGOs, der UN, der Weltbank, Frankreichs, Italiens und Deutschlands gelang es, die Kläranlagen wieder herzustellen. Die Schwierigkeit besteht jedoch darin, dass die Sponsoren nicht nur die finanziellen Mittel bereitstellen, sondern auch für die Durchführung der Projekte sorgen müssen.

Es ist die grauenvollste Kriegsgeschichte, die von unvorstellbarem Horror berichtet, wo Meilen von Tunnel als unterirdische Irrgärten fungieren, um Leiden zu lindern und Leben zu erhalten. Waren werden aus Ägypten durch die gefährlichen Tunnel gebracht, die regelmäßig mit Raketen bombardiert und gesprengt werden. Die Männer, die in den Tunneln arbeiten, riskieren täglich ihr Leben. Diesel Benzin wurden, zu einem Drittel des Preises, den die Israelis nehmen durch die Tunnel gepumpt. Zusätzlich gelangen so Baumaterialien, Zement, Medizin, Bandagen, Erste Hilfe-Ausrüstung, sogar Autos und Waschmaschinen nach Gaza. Artikel, die über Ashdod, Israel, transportiert werden, müssen oft Monate warten, bevor sie kontrolliert werden oder kommen nie in Gaza an. Ohne die Tunnel wäre der Wiederaufbau und der Warenverkehr völlig lahmgelegt und Gaza weiterhin isoliert. (2013 ließ die ägyptische Regierung viele Tunnel zerstören).

Elektrizität bleibt knapp, und Generatoren, die unterstützend in Krankenhäusern eingesetzt werden, können zwölfmal pro Tag laufen. Aber während einer Operation versagen sie ständig. Die

Reparatur der Generatoren und des Zubehörs ist generell ein ernstes Problem, weil Ersatzteile Monate brauchen, bevor sie aus den Ländern, die die Generatoren spenden, eintreffen. Das Gleiche gilt auch für neue, bildverarbeitende Geräte, die, wenn die kleinste Reparatur erforderlich ist, oftmals ungenutzt bleiben. Wenn Geräte ausfallen, muss man normalerweise über ein Jahr auf Ersatzteile aus den beteiligten NGO-Ländern, die Palästina unterstützen, warten.

Diejenigen, die krank sind, können keine fortschrittliche Behandlung bekommen. 40% der für die Behandlungen erforderlichen Medikamente sind nicht verfügbar. Chemotherapie-Medikamente gibt es nicht in Gaza. Sie sind zu teuer. Außerdem fehlen Handschuhe, chirurgische Nadeln, Antibiotika und häufig lebensnotwendige Bedarfsgüter. Einige Rollstühle werden von beteiligten Ländern gespendet. Sie bilden die Arbeitsbedingung für viele junge Menschen, deren Gliedmaßen durch Explosionen abgetrennt wurden. In der Jabalya-Klinik erzählte man mir, dass bei einigen Rollstuhlsendungen, die über Israel transportiert worden waren, Teile fehlten. Weiter und weiter geht das menschliche Elend.

Nur die schwerstkranken, schwerstverletzten Patienten, die spezielle Behandlungen benötigen, werden in israelische Krankenhäuser transportiert. Die Fahrt ist lang und anstrengend, mit vielen Kontrollpunkten. Manche überleben sie nicht. Kinder dürfen nur ohne Begleiter gehen. Ihre Eltern dürfen sie nicht begleiten, sie nicht trösten, denn sie erhalten keine Genehmigung.

In der Vergangenheit wurden Patienten leichter über Rafah nach Kairo zur Behandlung gesandt, aber das wurde aufgrund des politischen Klimas nach Mursis Zeit immer schwieriger. Tragischerweise gestaltet sich die Fahrt zu den Krankenhäusern, sowohl in Ägypten als auch in Israel weiterhin unglaublich schwierig, zeitaufwendig und risikoreich.

Das Al-Shifa Krankenaus (übersetzt: „Heilung") ist das größte und renommierteste Krankenhaus im Gazastreifen. Es hat 700 Betten, und 1200 Patienten kommen pro Tag. Die Auswirkung der israelischen Blockade auf die Gesundheit ist nichts anderes als eine absolute Katastrophe. Ich war außerordentlich beeindruckt über das Engagement des Krankenhauspersonals. Als Folge der „Operation Gegossenes Blei" wurde das Shifa Krankenhaus völlig zerstört, aber dann wieder aufgebaut. Wichtig ist, zu erwähnen, dass nach dem Krieg und drei Wochen endloser Bombardierung, sowohl bei Tag als auch bei Nacht, angereichertes Uran und weißer Phosphor gefunden wurden. Ich traf Lehrer bei dem Projekt „Save our Children" (Rettet unsere Kinder), die mit zwei achtjährigen Jungen arbeiteten, die auch noch zwei Jahre nach der Operation Gegossenes Blei unfähig waren, zu sprechen. Man findet noch immer Spuren der Chemikalien im Boden und in den Körpern der Kinder, die als Frühgeburt mit Krebs und Missbildungen zur Welt kamen. Nach der Operation Gegossenes Blei wurden Boden- und Wasserproben sowie das Uran aus den Körpern der Kinder getestet. Dreiunddreißig toxische Materialien wurden im Boden gefunden und mit Unfruchtbarkeit, Krebs, Missbildungen bei Embryos und Fehlgeburten in Verbindung gebracht. Ich sah verkrüppelte Kinder in der Palestine Medical Relief Society Klinik im Jabalya-Flüchtlingslager; entstellte und geistig behinderte Kinder, man hat ihnen ihre Kindheit und ihr Leben geraubt, während die Eltern sich traurig um sie kümmerten und auf ein Wunder warteten. Zu viele Fehlgeburten oder Missgeburten, bei denen Körperteile fehlen. Ich sage, man muss es mit eigenen Augen sehen, ansonsten glaubt man nicht, dass dieses Leid im Namen eines sicheren Nur-Juden-Staates verübt wurde. Ich schaudere, wenn ich daran denke, wohin die fortlaufende Verrohung dieser jungen Generation in Gaza in den kommenden Jahren führen wird.

Wir trafen Joe Catron, einen jungen Amerikaner, der mit den Fischern zusammenarbeitet. Er zeigte uns die „Oliver", ein Boot, das Fischer begleitet, weil sie von der israelischen Marine beschossen werden. Die Fischer werden schikaniert oder sogar getötet, ihre kleinen kärglichen Boote beschlagnahmt oder mit dem permanenten Wasserstrahl der Wasserkanonen beschossen. Das hatte für die Existenz der Fischer desaströse Folgen. Heutzutage sind die Gewässer des Mittelmeers überfischt, verschmutzt, und die Fischer werden meistens in eine Drei-Meilen-Grenze gezwungen, obwohl sogar innerhalb der drei Meilen Angriffe erfolgen (je nach Laune der israelischen Patrouille, die sie ständig bedroht). Auf die „Oliver" wurde bisher nicht geschossen, da sie häufig internationale Beobachter als Zeugen hat. Es ist der „Oliver" verboten, einem Fischer zu helfen, wenn sein Boot angegriffen und beschossen wird. Joe wies darauf hin, dass die Fischerboote, die beschlagnahmt wurden, beschädigt und dann wieder an die Küste von Gaza zurückgeschickt wurden, völlig zerstört. Wie kann man die Unmenschlichkeit eines Menschen gegenüber einem anderen Menschen in diesem über Jahrtausende hindurch endlosen Zyklus verstehen?

Es gibt eine große und eindrucksvolle Universität in Gaza, die „Islamic University of Gaza" (Islamische Universität von Gaza). Weil jedoch keine Weiterentwicklung möglich ist, haben 15.000 – 17.000 Akademiker kaum oder gar keine Gelegenheit zu arbeiten.

Eine große Anzahl palästinensischer Männer, Frauen und Kinder werden ohne Verurteilung in israelischen Gefängnissen seit Jahren gefangen gehalten. Ich sah Mütter, Väter und Geschwister Mahnwachen abhalten, bei denen sie Fotografien ihrer inhaftierten Familienmitglieder in der Hand hielten. Einige sind bereits seit 30 Jahren inhaftiert. Eines Abends trafen wir ehemalige Gefangene, die einen NGO-Aufruf zum Schutz palästinensischer Gefangenen gemacht haben. Israel hält zirka 4.800 Gefangene in Gewahrsam, die der

Aufwiegelung gegen Israel angeklagt sind. In den letzten Monaten haben langanhaltende (8 Monate) Hungerstreiks viele Proteste zur Unterstützung der Gefangenen hervorgerufen und die Menschen sensibilisiert. Die Palästinenser sehen in den Gefangenen Helden, die für ihren Staat kämpfen. Die Israelis sehen sie als Terroristen an. Unsere Gruppe traf Abu Nasser, Direktor des Ministeriums für Gefangene. Er sagte uns, dass 9000 Kinder seit dem Jahr 2000 inhaftiert wurden und den Eltern von über 16-jährigen Gefangenen das Besuchsrecht verweigert werde. Einige wurden verhaftet, weil sie Steine geworfen oder an einer einzigen Demonstration teilgenommen haben. 900 Mütter wurden ebenso inhaftiert. 1500 Gefangene sind schwerkrank. Und neue Krankheiten entstehen mit jedem Jahr, das vergeht. Kindern unter 16 wird geringer Kontakt zu ihren Familien erlaubt. Meine Frage ist: „Weshalb wurden Kinder inhaftiert?" und: „Weshalb sagt die Welt nichts dagegen?"

Ich traf sowohl Vertreter der Fatah als auch der Hamas, und wir hatten Diskussionen über Menschenrechte für Palästinenser. Der Fatah-Vertreter, den ich traf, war Dr. Abdallah Franghi, ein ehemaliger Minister der Fatah in Deutschland. Er lebt in Deutschland und Gaza, wo wir in seiner Wohnung zum Mittagessen eingeladen waren. Wir trafen Dr. Ghazi Hamad, den stellvertretenden Außenminister der Hamas, in unserem Hotel. Ich war interessiert, zu hören, was er zu sagen hatte, und saß direkt vor ihm. Als ich in seine Augen sah, sah ich keinen Terroristen, sondern einen Mann wie jeder andere, der mit uns über die außergewöhnliche Krise in Gaza sprach. Wir führten einen Dialog, der einzige Weg, einander zu verstehen und Differenzen zu lösen. Was er 2011 sagte, gilt auch noch heute. Die Situation bleibt festgefahren. Es gibt immer mehr Siedlungen und mehr Enteignungen von Land. Er meinte, das Allerwichtigste sei die Versöhnung von Fatah und Hamas und die Bildung einer Einheitsregierung. „Die Spaltung", sagte er, „ist

TEIL II

schmerzhaft und sowohl Israel als auch radikale Jihadisten-Gruppen unternehmen alles, um die Einigung zu verhindern. Die einstimmige Meinung der Palästinenser ist, dass ohne Einigung kein Erfolg möglich ist. Der Kampf um Gaza findet auch vollkommen isoliert von der internationalen Gemeinschaft statt. Ich hoffe, dass sich das langsam ändert." Dr. Hamad präsentierte ein starkes Image der Hamas, die sich für die Befreiung Palästinas einsetzt und für Würde und Unabhängigkeit kämpft. Er wiederholte die Anerkennung von Israel, aber nicht als Besatzungsmacht. „Die Straße zur Freiheit", fügte er hinzu, „erfordert Israels Anerkennung der Grenzen von 1967 und des Rückkehrrechts für palästinensische Flüchtlinge." Er fügte weiter hinzu, dass Israel noch nie auch nur die kleinste Forderung der Palästinenser anerkannt habe. Diese Themen stagnierten auch weiterhin, aber das müsse sich ändern, um eine Katastrophe für alle zu verhindern. Obwohl dies sicher kontrovers ist, halte ich die Hamas nicht für schlechter als die meisten anderen Regierungen. Darunter verstehe ich jedoch nicht die gewalttätigen terroristischen Unterorganisationen, wie die Salafisten oder Wahhabisten, extreme und ultra-konservative militante Islamisten. (Diese Gruppe soll Juliano Mer-Kamis, den Gründer des Freedom-Theaters in Jenin, Palästina, ermordet haben) Hamas ist der von den Palästinensern gewählte Repräsentant der palästinensischen Flüchtlinge und derer, die in Israel/Palästina und Gaza leiden. Wir müssen unsere Hand unserem Feind reichen, denn wir sind auch ihr Feind. Es gibt kein „sie" und „wir".

Reisen Sie mit mir in das Land der traurigen Orangen, wo die Kinder in Flüchtlingslagern spielen. Grau sind die Gebäude entlang der engen Straßen, der Gestank von Abfall, Kloaken, keine Sonne, keine Bäume. Es regnet weißen Phosphor, wo Raketen fallen. Weißer Regen verbrennt die Haut und Organe. Die Gesichter, die Augen, die das Unaussprechliche aussprechen, verfolgen mich. Ich habe das alles schon zuvor gesehen. Ich will ihnen sagen, dass es bald vorüber sein wird. Diese Tragödie, für die es kein Vergeben gibt. Sie fragen sich, wer ich bin, und so zeige ich ihnen ein Friedenszeichen, um zu sagen: „Ich bin eine Freundin." „Viva Palästina" rufen sie zurück.

Stellen Sie sich vor, was es für mich, einen Flüchtling vor dem Nazi-Wahnsinn, bedeutet, *wieder* stolze Menschen zu sehen, die als Übel dämonisiert, aus ihrem Land vertrieben, ihren Wurzeln entrissen werden. Es ist die abscheulichste der Kriegsgeschichten, die unvorstellbaren Horror, kollektive Bestrafung und ein unerträgliches Leben beinhaltet, als ob wir nicht wüssten, wie aus perversem Hass und aus einer Ideologie Nationalismus in seiner grausamsten Form entsteht. Er trübt sämtliche Formen der Vernunft. Manchmal glaube ich, ich selbst hätte den Verstand verloren, so dass ich diesen Albtraum von Israel nur träume. Das Echo auf „Tod allen Juden" lautet heute: „Palästinenser existieren nicht."

Ich bin zutiefst beeindruckt von der Schönheit der Palästinenser und ihrern Bemühungen um Würde und Freiheit. Vieles von dem, was ich in Gaza gesehen und gehört habe, hat ein tiefes schwarzes Loch in meinem Bewusstsein hinterlassen, denn ich bin mir bewusst, dass die Verbrechen, die Israel begangen hat und an der die USA mitschuldig sind, zu den schlimmsten Verbrechen zählen, die an Menschen begangen wurden, die man nicht für menschliche Wesen hält. Die Palästinenser werden dämonisiert und entmenschlicht, indem man versucht, ihre Geschichte, ihre Würde und ihr Recht, in Sicherheit und Frieden zu existieren, auszumerzen. Meiner Ansicht nach steht dies in keinster Weise dem letzten Kapitel des Holocausts nach, einer Tragödie, für die es kein Vergeben gibt.

Teil II

Der ganze Kreis

Ein Freund fragte mich, ob ich glaube, dass Juden in den Vereinigten Staaten nicht sicher seien. Ich erinnerte mich daran, dass ich, als ich zehn Jahre alt war, unsere Vermieterin mit ihrem Vetter, der unter uns wohnte, über „diese schmutzigen Juden" sprechen hörte. Ich wusste, dass sie über unsere Familie sprach. Ich hatte Angst und fühlte den Hass. Was ich überhörte, war der Antisemitismus. Heute fühle ich mich unsicher mit den jüdischen Unterstützern Israels, die so eifrig an einen Nur-Judenstaat glauben, ohne die Menschenrechtsverbrechen zu beachten, die an den Palästinensern begangen werden, um dieses Ziel zu erreichen. In dieser Situation ist es Jude gegen Jude. Man beschuldigt mich des Antisemitismus und der Delegitimierung von Israels Existenzrecht. Nichts ist weiter von der Wahrheit entfernt; die Aktionen der israelischen Regierung zu kritisieren ist keine Frage von Israels Existenzrecht, sondern bedeutet, die Kolonialherrschaft, mit der Mission zu erobern und zu zerstören, in Form von Israels Besatzung in Frage zu stellen.

Jeder, der Gaza und das besetzte Palästina besucht hat, kann das Leiden und die Demütigung der Palästinenser bezeugen. Weshalb ist es antisemitisch, gegen eine solche Politik der Verzweiflung zu sprechen? Wenn es in Israel eine Trennung von Kirche und Staat gäbe, würden die Grenzen, die nun so verschwommen sind, es nicht rechtfertigen, Opponenten mit der Antisemitimus-Beschuldigung mundtot zu machen. Widerspruch ist eine Äußerung gegen alle Formen des Nationalismus und gegen Verstöße gegen die Menschenrechte. So unvereinbar, wie es klingt – es ist die Handlungsweise der zionistischen Regierung gegenüber seinen palästinensischen Nachbarn, die eine Reaktion der Welt hervorgerufen hat, die sich in einem erneuten Anstieg des Antisemitismus ausdrückt.

Das steht in krassem Gegensatz dazu, wie sorglos der Staat Israel Antisemitismus- und Anti-Israelismus-Vorwürfe missbraucht, um einen Keil zwischen „sie" und „uns" zu treiben und so die Menschen in „gute Juden" oder „Feinde Israels" zu unterteilen. Eben diese Menschen beschimpfen die Mutigen, die in jeglicher Form widersprechen, als „Antisemiten".

Welche Blindheit treibt das zionistische Israel an, sich selbst von der Menschlichkeit der Palästinenser als ein Volk, so wie sie selbst, zu lösen? Man braucht nur die Mischehe zwischen Religion und Politik zu betrachten, um eine Perversion des „Wer ist ein Jude?" zu schaffen. Nicht alle Juden sind Zionisten und Israels Form des Zionismus begeht einen Verrat an dem, was bedeutet, ein Jude zu sein. Es ist eine komplizierte Frage, wie ein einst gejagtes Volk nun selbst zum Jäger werden konnte. Wie werden aus Opfern Täter? Israelis tragen seit Generationen den Hass in sich, der auf sie selbst projiziert wurde und der sicherlich die Richtung ihrer Gesellschaft bestimmt hat. Nicht verarbeiteten Hass überträgt man auf einen anderen, um das endlose Leiden fortzuführen, das mit jeder neuen Generation immer zerstörerischer und immer bösartiger wird.

Meine Eltern waren besorgt, dass ein Nazi-Pogrom Juden erneut vernichten und sogar hier in den USA erscheinen könnte. Viele Juden tragen die Angst vor Antisemitismus in sich (nicht den Antisemitismus, der produziert wird, um Andersdenkende zu diskreditieren). Sie haben Angst vor der Vernichtung in Form einer „Endlösung", wie sie in Deutschland geschah. Ich glaube nicht, dass Juden jemals wieder Opfer einer solchen Massenvernichtung werden. Doch die Geschichte hat gezeigt, dass sie sich in anderen Formen wiederholt.

Erinnern Sie sich an den Genozid in Kambodscha und an die Apartheid in Südafrika. Erinnern Sie sich an Pinochet in Chile.

Teil II

Virulente Formen des Nationalismus („Deutschland über alles", zum Beispiel) leben neben Rassismus, Apartheid und ethnischer Säuberung. Die Juden tragen die große Verantwortung, wachsam zu bleiben. Das bedeutet, jeglicher Form von Rassismus und Schikanen entgegenzutreten. Das Streben nach einer gerechten Gesellschaft ist eines der fundamentalsten Leitbilder des Judaismus, der die Einmischung und die Sorge um Mitmenschen lehrt, die sich in einer Notlage befinden. Jedes Leben ist heilig, und wir sind verpflichtet, zu tun, was wir können, um anderen zu helfen. Die Tora besagt: „Stehe nicht tatenlos still beim Blute Deines Nächsten."(Lev.19:16)

Als ich in Gaza war, war es wichtig, mich den Palästinensern als Jüdin vorzustellen. Ich musste sie daran erinnern, dass es viele Juden gibt, die sich der Apartheid und der Agenda, einen reinen Judenstaat auf dem Rücken des palästinensischen Leidens zu schaffen, widersetzen. Für mich war es wichtig, offene Diskussionen zu führen und dann zu hören, was die Palästinenser von der Möglichkeit halten, unter Juden zu leben, und zu wissen, ob sie Juden hassen. Mir wurde ständig von einer Zeit berichtet, in der die Palästinenser in Harmonie mit Juden gelebt und gearbeitet haben. Einige Palästinenser, mit denen ich sprach, sagten mir, sie hätten nichts gegen Juden. Aber, was sie empfänden, sei Hass gegenüber der israelischen Regierung, die für das endlose Leiden der Palästinenser verantwortlich ist. Meine Vorstellung ist, dass mit einem bi-nationalen Staat und dem Recht auf Rückkehr Frieden einkehren könnte. Selbstverständlich bin ich mir der Realität bewusst. Israelis fürchten das Rückkehrrecht, weil es die jüdische Bevölkerung zu einer Minderheit machen würde. Außerdem, wer hasst nicht seine Unterdrücker? Mit jeder neuen Generation wächst der Hass gegen die Peiniger. Aber das muss sich ändern. Es muss. Die zionistische Bewegung in den 1930ern entstand als Antwort auf die Delegitimierung der europäischen Juden und sie wurde getrieben von der

Sehnsucht nach Würde, Selbstbestimmung und einem sicheren Heimatland. In diesen modernen Zeiten kommt der Zionismus in einer anderen Form daher. Wie rechtfertigt er die Delegitimierung der palästinensischen Rechte durch die Juden, die so schwer gelitten haben? Warum sehen sie nicht ihre eigene Geschichte als Mahnmal und als Leitfaden, um eine Gesellschaft der Toleranz zu schaffen? Durch Apartheid, Unterjochung und Militär kann Israel keine Sicherheit schaffen; Sicherheit kann nur mit dem Frieden kommen.

Der Unterschied zwischen dem Judaismus und dem Zionismus verlangt ständig nach einer Klärung und Diskussion. Bedenken Sie, wenn es keinen nationalen Zionismus gäbe, wenn es eine Trennung zwischen Religion und Staat gäbe, dann könnte Israel eine ehrliche, menschenfreundliche Demokratie sein, mit einer Freiheit für alle, die dort leben. Dann, glaube ich, müsste man sich um die palästinensische Mehrheit nur geringe Sorgen machen.

Fanatiker, die sich der Diskussion verschließen, glauben an ihre moralische Überlegenheit und schaffen politischen Terrorismus, um die Wahrheit zu verschweigen und zu leugnen. Der Vorwurf der „Delegitimierung Israels" erfordert, dass man hinterfragt, was die israelische Regierung zu verbergen hat und ob Israel sich nach sechs Jahrzehnten illegaler Menschenrechtsverstöße nicht selbst delegitimiert hat.

In den Worten von Tony Judt: „Das „Delegitimierungs"-Problem ist ein Betrug. Ich kenne niemanden, der, wie wütend er auch immer über Israels Verhalten ist, denkt, das Land habe kein Recht zu existieren." Er fügt hinzu: „Delegitimierung ist nur ein anderer Weg, um Antisemitismus in Form von Schweigen zu aktivieren." (Palestine Chronicle, 15. Februar 2012)

Ein von Ruben Gur, einem Fakultätsmitglied, geschriebener Brief an die Penn State Universität zeigt die Obszönität des „Antisemitismus", mit dem man die brandmarkt, die sich Israels Politik widersetzen. In dem Schreiben gegen eine Konferenz über Boykott, Desinvestition und Sanktionen, die an der Universität abgehalten wurde, stellte Gur fest:

„Das Ziel der hasserfüllten und diskriminierenden BDS-Rhetorik ist, Israel als Vorbereitung auf das ultimative Ziel seiner Vernichtung zu delegitimieren. Ein entsprechender Präzedenzfall sind die Gruppen, die von den Nazis in den 1930ern organisiert wurden, um Boykotte, Desinvestitionen und Sanktionen gegen die Juden und ihre Geschäfte zu verhängen. Traurig dabei ist, dass es damals wie heute darunter Juden gibt, die ihr eigenes Volk angreifen. Die makabre Sichtweise von Menschen wie Stella Kübler (Hannah Arendt) und von den Capos in den Vernichtungslagern wird hier in Penn nun wiederholt."

Dieses Zitat ist eine Schande. Sicher kann eine akademische Diskussion in einer demokratischen Gesellschaft über BDS, eine gewaltlose Bewegung, die sich für den Boykott von Firmen einsetzt, die an der illegalen Besetzung beteiligt sind, nicht umgangen werden. Antisemitismusbeschimpfungen gegenüber Andersdenkenden ist eine Manipulierung dessen, was einen Antisemiten charakterisiert. Sie sind vollkommen unsinnig und destruktiv. Diese Bezeichnung wird einfach so frei herausgeschleudert, und selbstverständlich verweigern viele Juden, die diese hören, jegliche Diskussion. Die Saat wird gesät und der Verstand wird ausgeschaltet.

Im Mai 2011 wurde ich von Frankfurts Oberbürgermeisterin zu einem Treffen von deutschen Juden, die in Frankfurt geboren sind, eingeladen. Zuvor war ich zu einem Treffen eingeladen worden, um meinen Vater zu vertreten. Es war eine unvergessliche und bedeutende Einführung in Deutschland und Ulm, dem Ort, in welchem mein Vater und Hans geboren wurden. In den frühen 1990ern nahm natürlich auch Hans mit Tosca und ihren Töchtern, Margalith und Ruthie, teil. Ich traf Toscas Schwester Esther, eine Überlebende von Ravensbrück und Auschwitz. Eine Musikerin, die, nun in ihren späten Achtzigern, fortfährt, Lieder des Holocaust in Schulen in ganz Deutschland zu singen und aufzuzeichnen. Eine bewundernswerte Frau, voller Energie und Leben. Sie hält die Erinnerung an den Holocaust für die heutige Generation lebendig. Ich traf alte Freunde meines Vaters und hörte Geschichten aus seiner Schulzeit. Ich besuchte das Haus, in dem mein Vater gelebt hatte, die „Lebrecht"-Villa. Das war emotional, da ich mir mein Leben ohne Hitler vorstellte. Einige von uns fuhren nach Dachau und Oberer Kuberg, eines der ältesten Lager (wenn auch noch kein Vernichtungslager), das hauptsächlich als Folterlager für politische Gefangene, Kommunisten, Sozialisten und Opponenten benutzt wurde.

Als ich zum ersten Mal in Frankfurt ankam, war ich angespannt und dachte an die Juden, die gezwungen worden waren, den gelben Stern zu tragen, an die Juden, die verhaftet und in Konzentrationslager deportiert wurden. Geister meiner Familie erschienen. Lindenbäume wurden zum Leben erweckt. Ich fragte mich, was die alten deutschen Menschen während des Krieges getan haben. Lebten Juden heute in Frankfurt? Ich entdeckte eine aktive und große jüdische Gemeinschaft und hatte auch Gelegenheit, ein sehr feines jüdisches Altenheim zu besuchen. Viele Flüchtlinge entschieden, wieder zurückzukehren. So schließt sich der Kreis in ihrem Alter dadurch, dass sie in einem Land versorgt werden, das sie einst aufgegeben hatte.

Deutschland öffnete seine Tore, um Juden willkommen zu heißen. Als meine Tante Grete, die Schwester meines Vaters, vor 25 Jahren entschied, ihre alten Tage in Stuttgart zu verbringen, konnte ich nicht verstehen, weshalb irgendein Jude sich entscheiden könnte, in Deutschland zu leben. Es war ein jüdisches Altenheim, denn zu der Zeit gab es noch viele Juden, die einen Platz zu relativ geringen Kosten zum Leben haben wollten. Nun sind diese Häuser nicht mehr nur für Juden, da es nicht genügend Juden gibt, die sie bewohnen. Zu der Zeit lebte meine Tante dort, ich wollte nichts mit Deutschland zu tun haben. Sowohl ihre Kinder als auch ihre Enkelkinder besuchten sie oft, aber ich tat es nie. Es überraschte mich auch, als Hans mir einmal erzählte, wie sehr er und Tosca sich freuten, nochmals die deutschen Wälder und Berge zu sehen, die sie kannten und so sehr liebten. Seine Worte berührten mich und brachten mich dazu, meine Haltung in Bezug auf Deutschland zu überprüfen. Ich bin mir auch bewusst, dass es viele Juden gibt, die keinen Fuß auf deutschen Boden setzen würden. Man muss Deutschland zugute halten, dass es viel getan hat, um die Deutschen mit der schrecklichen Geschichte der Opfer des Nazi-Deutschlands vertraut zu machen. Schüler in allen Schulen lernen die Geschichte des Holocaust.

Heute gibt es einen Anstieg der Neo-Nazi-Bewegung in Deutschland und auch einer virulenten Form der Islamophobie. Ich kann nicht leugnen, dass es noch genügend Antisemiten der alten Garde in Deutschland gibt. Sorgsam meide ich sie. Aber die Anzahl der Neo-Nazis und der Islamhasser ist nicht nur in Deutschland steigend, sondern nimmt auch in den Vereinigten Staaten immer mehr zu. Trotz alledem entdeckte ich in Frankfurt mein Erbe und meine Wurzeln. Ich fand die Wohnung, in welcher ich als Baby mit meinen Eltern gelebt hatte und auch die wunderschöne Wohnung meiner Großeltern im Westend von Frankfurt. Ich besuchte im Osten der Stadt ein Gebäude, in welchem die religiöseren und die orthodoxen Juden vor der Deportierung zusammengedrängt worden waren. Alle diese Fälle waren akrıbısch dokumentiert. Über 11.000 Juden wurden vom Westend deportiert, die meisten von ihnen in ihren Tod. Über zehn Deportierungen, jeweils 1000 in den Jahren 1941 und 1942 sowie auch viele „inoffizielle" Deportierungen zwischen 1943 und 1945. Von den 1.100 Juden, die am 19. Oktober 1941 direkt aus ihren Häusern im Westend geholt wurden, überlebten nur drei. Im Juni 1943 blieben 626 Juden in Frankfurt und 700 hatten sich entschlossen, Selbstmord zu begehen, anstatt in ein Todeslager transportiert zu werden.

Manche von Ihnen mögen fragen, wie ich mit der Möglichkeit im Einklang bin, dass einige meiner neuen Freunde in Frankfurt Eltern gehabt haben könnten, die bereit gewesen wären, mich zu ermorden? Ich werde den Tätern niemals vergeben, aber ich glaube nicht an genetische Schuld. Kinder der Schuldigen sind unschuldig und sie haben auch gelitten. Ich kann sie nicht verurteilen für etwas, das ihre Eltern getan haben oder dafür, wo sie geboren wurden.

Ich habe den Kreislauf geschlossen und mich, während ich dieses Buch geschrieben habe, selbst stark und als deutsche Jüdin gefühlt. Ich habe einen Kreis von jüdischen und nicht-jüdischen Freunden in Frankfurt gefunden. Alle von ihnen hoffen, wie ich selbst, auf ein freies Palästina/Israel, ohne Mauern und auf einen Weltfrieden. Ich bin mehrere Male nach Frankfurt zurückgekehrt und bin eine deutsche Staatsbürgerin. Meine Hoffnung ist, dass auch die Palästinenser nach „Hause" zurückkehren können, denn das Rückkehrrecht muss in einer wahren demokratischen Gesellschaft für jeden gelten.

Meine früheren Fahrten nach Israel erlaubten mir, mein Judentum mit Stolz zu fühlen. In Deutschland integrierte ich mein deutsches jüdisches Erbe, als ich mit einem lange verlorenen Teil von mir konfrontiert wurde. Meine jüdische Identität entwickelte sich als mächtige Kraft, nicht nur als eine Überlebende, sondern auch fähig, meine Stimme gegen Verbrechen erheben, die an Palästinensern im Namen von Jesus begangen werden. Ich sehe mich selbst als eine sehr spirituelle Frau, eine säkulare Jüdin jenseits der Grenzen einer organisierten Religion. Ich bin eine freie Denkerin, die träumt, dass Israel eines Tages seinem palästinensischen Nachbarn im Geist von Würde, Frieden und Versöhnung die Arme entgegenstreckt – ohne Land, Hass und Furcht, was uns voneinander trennt.

Meine Geschichte endet mit Verzweiflung und Hoffnung, Leben und Tod bei einem andauernden Kampf ums Überleben. Die Geschichte ist natürlich nicht zu Ende und wird aus verschiedenen Sichtweisen erzählt. Mögen beide Narrative als Suche nach Freiheit und Würde verstanden werden. Ich schließe mit einem Nachgedanken.

Opfer

von Lillian Rosengarten

dem Gedenken von Paul Celan geweiht: *„Du warst mein Tod: dich konnte ich halten, als mir alles entglitt"*

Wagen wir es, Rassenhass zu flüstern, eine Grausamkeit, die unersättlich ist.

Selbstgerechte moralische Sicherheit, bereit, die Erde mit Blut zu tränken.

Deine und meine im Namen des Nationalismus.

Ich erinnere mich an ein hässliches Wort: „Übermensch".

Erinnerst du dich, einst waren unsere gut gemachten Kleider warm und stilvoll,

Partykleidung, geschmückt mit Schleifen, Bändern in den Haaren,

Familien, die liebten, Häuser, gefüllt mit Blumen und Stoff zum Leben.

Dinge, die jeder kennt oder wissen will,

bevor der gelbe Stern alles fortnahm, Ladenbesitzer und Lehrer,

Homosexuelle, Zigeuner, Geliebte.

Wagen wir zu flüstern, wie Hass die Erde mit Blut verdirbt,

während die Welt zuschaut.

Rassistische Unterdrückung, Grausamkeit, selbstgerechte moralische Sicherheit, bereit zu kämpfen.

Im Namen des Nationalismus, im Namen von Juden.

Aber ich bin nicht dieser Jude und kann kein Jude sein, der schweigend und gleichgültig zuschaut, der kollektive Grausamkeit legitimiert. Keine Macht, kein Land, nichts, das Blut des Krieges lieblos gerechtfertigt.

Es ist alles zu bekannt, und ich bin müde.

Erinnert euch an die Generationen, die gejagt wurden vorher und nur gestern.

Eine große Bürde hat mich umschlungen.

Ich weine über den kollektiven Kummer, mit großer Traurigkeit.

Du! Im Namen der Menschlichkeit steh mir bei.

Halte mich in deinen Armen, denn das Fieber des Kummers brennt in mir,

Ich esse meine Macht, um mich zu ermutigen.

Groteske, unmoralische Armee, wage es, zu flüstern oder schreien.

Schikaneure! Welche grausame Laune des Schicksals hat euch erblinden lassen?

Ein verfolgtes Volk, nun völlig pervers. Einst wurdest auch du brutal behandelt.

Eine moralische Armee, habt ihr das vergessen?

Hat das Inferno der Vergangenheit zur Fiktion abgefärbt, oder ist es aus eurem Bewusstsein verschwunden,

weil ihr euch ein Nirvana aus einem jüdischen Staat erträumt?

Ich spüre die Anwesenheit des Feindes, das Boot kann nicht mehr segeln.

Monster in Militärkleidung marschieren über ein riesiges Gebiet, das verbrannt ist und wo Totenstille herrscht.

Schlachtfelder, die keine Spuren, keinen Totenkopf zur Erinnerung hinterlassen,

Nur Glastränen. Ich bitte die Dämonen der Nacht,

hebt die Dunkelheit einmal mehr wieder auf.

Haltet mich in euren Armen, bevor ich sterbe.

Danksagungen

An meine Kinder, Daniel und Lydia, die mich beobachtet haben, wie ich kämpfte, verfolgt und isoliert wurde und in den Jahren, in denen ich dieses Buch schrieb, verschwand. An meine lieben Freunde, Connie Hogarth, Ramzy Baroud, Phil Weiss, Edith Lutz und mindestens noch ein Dutzend anderer, die Ausschnitte und Stücke des Buches gelesen und mich ermutigt haben, weiterzumachen, besonders nachdem mein Computer und meine Sicherheitskopien gestohlen wurden, während ich versuchte, es in Bali neu zu schreiben.

An meinen Herausgeber Sejal Chad, die sich die Zeit nahm und versprach, mir trotz ihres engen Zeitplans bei der letzten Version zu helfen.

An unseren Fotografen, Vish Vishvanath, für seine freundliche Erlaubnis, seine Fotos zu nutzen, die er auf dem jüdischen Boot gemacht hatte.

Vielen Dank und alles Liebe

Lillian

ZAMBON VERLAG

2. erweiterte und aktualisierte Auflage
Taschenbuch, 176 S. mit Fotos und DVD
ISBN 978 3 88975 194 2 - 12,00 €

VITTORIO ARRIGONI
GAZA - Mensch bleiben

Auch mit einem Buch wie diesem, einem Augenzeugenbericht aus der Hölle Gaza, können wir weder die Opfer der Gewalt retten, noch die Welt verändern. Aber vielleicht trägt der vorliegende Bericht des jungen Italieners Vittorio Arrigoni dazu bei, dass die Wirklichkeit besser verstanden wird von denjenigen, die - in gutem Glauben - den Tätern applaudieren als seien diese die Opfer.
Arrigoni war als Mitarbeiter der Hilfs-organisation International Solidarity Movement vor Ort in Gaza als Israel am 27. Dezember durch ein Massenbombardement dort ein Inferno auslöste, im Zuge dessen mehr als 1.400 Zivilisten, darunter viele Frauen und Kinder starben.

CARMINATI / TRADARDI
BDS - Gewaltloser Kampf gegen Israel-Apartheid

Einleitung von Prof. Rolf Verleger, Vorsitzender der "Jüdischen Stimmes für den Frieden"

Taschenbuch
ISBN 978 3 88975 133 1 - € 10,00

BEATRICE GUELPA
Aphrodite in Gaza
Ein aus dem Sand aufgetauchtes Museum

Taschenbuch, 128 Seiten mit Fotos
ISBN 978 3 88975 182 9 - € 8,90

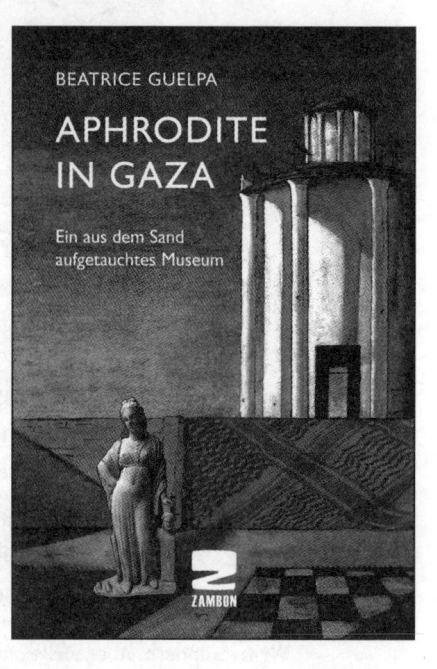

GILAD ATZMON
Der wandernde - WER?
Eine Studie jüdischer Identitäspolitik

244 Seiten · 12 €
ISBN 978 3 88975 190 4